G. MACON

LA VILLE

DE

CHANTILLY

II

FORMATION ET DÉVELOPPEMENT

1692-1800

SENLIS

IMPRIMERIE EUGÈNE DUFRESNE

4, RUE DU PUITS-TIPHAINE, 4

1910

La Ville de Chantilly

II. — FORMATION ET DÉVELOPPEMENT

1692-1800

G. MACON

LA VILLE

DE

CHANTILLY

II

FORMATION ET DÉVELOPPEMENT

1692-1800

SENLIS

IMPRIMERIE EUGÈNE DUFRESNE

4, RUE DU PUITS-TIPHAINE, 4

—

1910

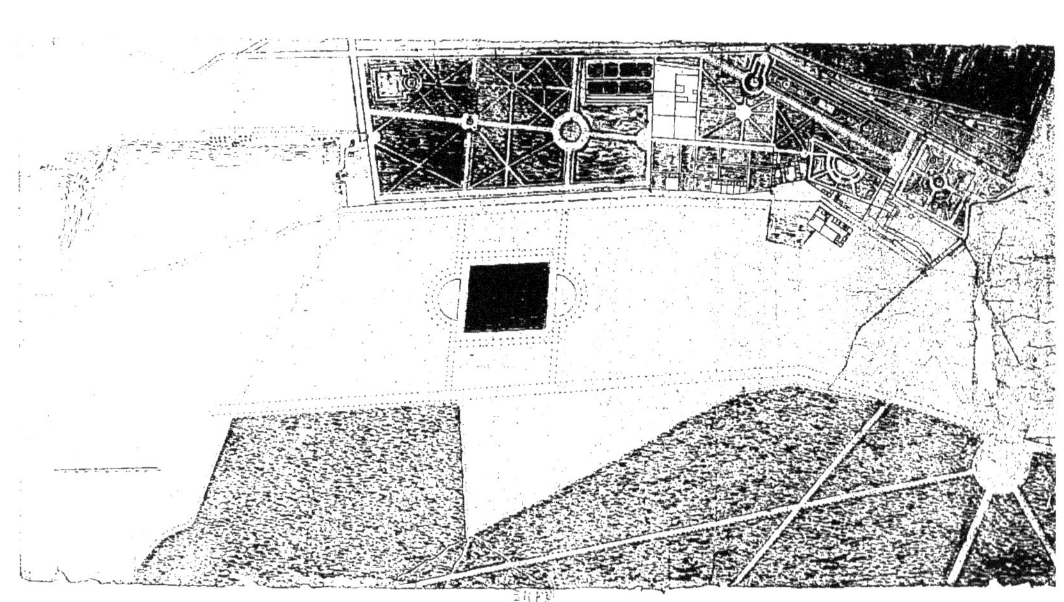

Chantilly en 1682

Chantilly en 1791

La Ville de Chantilly

FORMATION ET DÉVELOPPEMENT
1692-1800

Le Grand Condé mourut le 11 décembre 1686, sans avoir eu le temps de construire la chapelle dont il avait choisi l'emplacement dès 1684. Elle fut édifiée par les soins de son fils, de 1687 à 1691. Mansart en donna le plan, et l'architecte-ingénieur Pierre Gitard dirigea les travaux. Jean Lemaire entreprit la maçonnerie au prix de 27.500 livres ; le marché fut passé le 28 avril 1687, et le dernier paiement fut effectué le 10 mars 1690. Lemaire reçut en outre, en 1690, 2.400 livres pour « les travaux du clocher ». Le 11 mai 1690, Antoine Rivet promit de faire toute la menuiserie pour une somme totale de 4.397 livres 10 sols. Le 9 juin suivant, les frères Louis et Jean François firent marché pour les ouvrages de sculpture.

Le plan de cette première église formait une croix régulière ; le bâtiment ne comprenait qu'une nef bordée de chapelles ; les deux pavillons carrés placés de chaque côté du chœur, et dont l'un sert toujours de sacristie, figuraient les bras de la croix, dont le chevet, semi-circulaire, était occupé par le sanctuaire. L'entrée de l'église était sur l'alignement de la maison voisine ; ce n'est que trente ans plus tard que l'édifice fut allongé vers la rue et reçut les bas-côtés. C'était donc une petite église, mais bien suffisante pour la population ; le Grand Condé et son fils n'avaient pas prévu le développement que leurs successeurs allaient donner à ce noyau de ville.

De toute ancienneté, le territoire de la seigneurie de Chantilly, avec le manoir et les terres de Bucamp, avait fait partie de la paroisse de Saint-Léonard, diocèse de Senlis ; Quinquempoix et les Fontaines appartenaient à la paroisse de Gouvieux, diocèse de Beauvais. Dans la prairie, la Nonette, dont le cours ancien se détermine au dessus du Hameau, au long de l'île d'Amour et du canal Saint-Jean, marquait la séparation d'avec les terroirs des paroisses de Saint-Firmin et de Saint-Maximin [1]. La limite des paroisses de Saint-Léonard et de Gouvieux, et par conséquent des diocèses de Senlis et de Gouvieux, peut se figurer par une ligne qui, partant de la prairie du Jardin Anglais, aboutit à la grille du Jeu-de-Paume, suit le côté droit de la rue du Connétable jusqu'à la maison n° 54, et tourne brusquement à gauche pour se diriger directement sur la forêt. Les maisons construites sur le rang de l'église appartenaient à la paroisse de Saint-Léonard ; en face, c'était la paroisse de Gouvieux et le diocèse de Beauvais, d'où le nom donné à cette pointe extrême du diocèse : maisons et hôtel de Beauvais, cascades, bois vert et allée de Beauvais.

Il fallait donc démembrer les territoires des paroisses de Saint-Léonard et de Gouvieux pour constituer celui de la nouvelle paroisse de Chantilly. L'église étant construite sur Saint-Léonard, c'était à l'évêque de Senlis, Denis Sanguin, à se prononcer le premier. Comme on était d'accord, les enquêtes et informations furent rapidement menées. La visite de l'église, l'audition des intéressés, eurent lieu le 26 janvier 1692 ; les lettres de fondation de la cure de Chantilly furent passées pardevant notaires le 9 février ; le démembrement de Saint-Léonard fut accompli le 21 du même mois ; l'église de Chantilly fut consacrée le 31 mars, et le premier curé, Martin Berger, reçut l'institution canonique le 12 mai [2].

Restait à agir du côté de Gouvieux. La négociation avait été entamée déjà entre le prince de Condé et l'évêque de Beauvais, le cardinal de Janson-Forbin, qui était alors à Rome. Dès le 4 mars 1692, le cardinal avait signé une procuration notariée qui autorisait son vicaire-général, Claude-François-de-Paule Le Fèvre d'Ormesson, à prononcer le démembrement d'une partie de la paroisse de Gouvieux pour l'unir à la nouvelle cure

---

[1] Jusqu'au milieu du XIX° siècle, le bas-Vineuil appartint à la paroisse de Saint-Maximin.

[2] J'ai conté tout cela au long dans mon *Historique des édifices du culte à Chantilly* (1902).

de Chantilly. Lorsque l'évêque de Senlis eut délivré le décret d'érection, la requête suivante fut adressée au vicaire-général de Beauvais par Jean Larose, charpentier, demeurant au petit hôtel de Beauvais, Henri Aubry, serrurier, habitant l'hôtel de Quinquempoix, et Nicolas Maignan, cultivateur aux Fontaines :

« Supplient humblement les manans et habitans de Chantilly du costé de la paroisse de Gouvieux, et les habitans du hameau des Fontaines estant de ladite paroisse, disant que Son Altesse Sérénissime Monseigneur le Prince, seigneur dudit Chantilly, par des motifs de piété et pour procurer l'utilité et l'avantage des habitans dudit Chantilly, a fait construire une fort belle église et fort spacieuse dans le territoire dudit Chantilly pour en former une paroisse qu'il a fondée. Et comme ladite église est une partie dudit Chantilly et du diocèse de Senlis, Sadite Altesse Sérénissime s'est adressée à Monseigneur l'évesque de Senlis pour faire l'érection de ladite nouvelle cure. Les formalités de droit ayant esté observées, mondit seigneur l'évesque de Senlis a jugé ladite érection juste et nécessaire pour l'utilité et l'avantage des habitans dudit Chantilly et pour l'instruction de la jeunesse, et a érigé ladite cure, et mesme ladite église paroissiale a été consacrée par ses ordres. Mais comme une partie dudit lieu de Chantilly est de la paroisse de Gouvieux, et que les mesmes motifs qui ont donné lieu à l'érection de ladite cure et au démembrement qui a esté fait de la paroisse de Saint-Léonard, diocèse de Senlis, se rencontrent à l'égard des supplians, qui sont éloignés de la paroisse de Gouvieux, et que les accès en sont très difficiles dans le tems de l'hiver et qu'il ne seroit pas juste qu'ils allassent chercher bien loin les secours et les consolations spirituelles, y ayant un curé dans le lieu mesme, et comme Monseigneur l'évesque de Senlis n'a rien statué à leur égard, ne le pouvant faire à cause qu'une partie dudit lieu de Chantilly est du diocèse de Beauvais, ils ont recours à vous pour estre sur ce pourvu. Ce considéré, Monsieur, il vous plaise ordonner que le territoire de Chantilly et celui du hameau des Fontaines, qui sont du diocèse de Beauvais et de la paroisse de Gouvieux, seront démembrez du territoire de ladite paroisse de Gouvieux pour estre unis et incorporez à ladite cure de Chantilly, qu'à cet effet il sera planté des bornes dans les endroits qui seront par vous désignés, et qu'en conséquence les supplians seront paroissiens dudit curé de Chantilly et s'adresseront à lui pour leur administrer les sacremens comme à leur véritable et légitime pasteur, et qu'en tous les autres cas de droit ils s'adresseront à Monseigneur l'évesque de Senlis comme à leur diocésain »,

Le vicaire-général et le promoteur du diocèse se transportèrent à Chantilly le 26 mai 1692 et signèrent, en l'hôtel de Beauvais, les lettres par lesquelles tous les intéressés étaient assignés à comparaître le 20 juin, soit : le curé, le syndic et les marguilliers de la paroisse de Gouvieux, le chapitre de Notre-Dame de Senlis, patron de la cure de Gouvieux, décimateur de la paroisse, et collateur de la chapelle de Quinquempoix, le chapitre de Saint-Rieul de Senlis, décimateur pour un quart, et les signataires de la requête, représentant les habitants de Chantilly et des Fontaines.

Le 20 juin à dix heures, le vicaire-général sortit de l'hôtel de Beauvais pour reconnaitre le territoire à démembrer : « Commençant du costé du chasteau de Chantilly, tous lesdits comparans sont convenus que l'ancien territoire de la paroisse de Gouvieux, du diocèse de Beauvais, commence à la maison où pend à présent pour enseigne le *Pélican*, qui est contiguë au jardin de Monseigneur le Prince (n° 2 démoli, près de la porte Saint-Denis); et en continuant du mesme costé, en allant au couchant, il y a un manoir assez étendu appelé l'hostel de Beauvais, aussi contigu audit jardin. De l'autre costé de l'allée, vis-à-vis desdits lieux, les maisons, qui sont la pluspart occupées à des hostelleries, et les terres au delà de l'endroit où est bastie l'église, sont de l'ancien territoire de la cure de Saint-Léonard, du diocèse de Senlis. Ensuite, continuant au delà de l'hostel de Beauvais, il y a environ quatre ou cinq maisons appartenant à des particuliers, qui sont aussi de la paroisse de Gouvieux (maisons de la place du Marché, 24 à 40); il y a ensuite un grand bastiment qui est des dépendances du chasteau de Chantilly (maison de Quinquempoix, n°ˢ 50-52), vis-à-vis duquel il y a, de l'autre costé du chemin, un sentier vert qui conduit à la forêt, qu'on nous a dit faire dudit costé la séparation du terroir de Saint-Léonard et du diocèse de Senlis d'avec

celui de Gouvieux et du diocèse de Beauvais. Et en reprenant
du mesme costé dudit bastiment, avons trouvé le long de la
muraille du jardin et parc dudit seigneur prince de Condé
une petite chapelle dans laquelle nous sommes entrés, et avons
trouvé qu'elle contient environ deux toises et demie en œuvre
de largeur et environ trois toises de longueur, où il n'y a qu'un
seul autel, laquelle chapelle est appelée Saint-Germain de
Quinquempoix. Et au bout du parc de mondit seigneur le
Prince avons trouvé, proche le canal, un petit hameau appelé
les Fontaines, où il y a environ quinze à vingt maisons. Et là
estant, le sieur curé et les habitans et le s' Richard, capitaine
du chasteau de Chantilly, nous ont représenté que pour éviter
le mélange et la confusion des paroissiens de Chantilly, où il
paroist que l'un des costés est en partie du diocèse de Senlis,
et l'autre du diocèse de Beauvais, on pourroit, environ 150 pas
au delà dudit hameau des Fontaines, et au bord du canal,
planter une borne, d'où l'on pourroit tirer une ligne droite au
coin d'un bois qu'on appelle de Bourillon, et au coin dudit bois
planter une autre borne, au delà du chemin de Senlis à Boran,
pour servir à l'avenir de séparation du territoire de la paroisse
de Chantilly d'avec celle de Gouvieux. De là nous estant trans-
portés audit bois de Bourillon, il nous est effectivement apparu
qu'en plantant une borne au coin dudit bois et au delà du chemin, et en mettant une autre à moitié de la ligne droite qui
seroit tirée du coin dudit bois jusques à une autre qui seroit
plantée au bord du canal et au delà dudit hameau, on pourroit
éviter à l'avenir la confusion desdits territoires.... Et ce fait,
attendu qu'il estoit plus de midi, nous nous sommes retirés
pour prendre notre réfection... ».

A trois heures, le vicaire-général entendit Pierre Chanu,
curé de Gouvieux, Louis Mannessier, syndic et marguillier,
René Louchault et Michel de Bancalis de Pruines, chanoines
députés par les chapitres de Saint-Rieul et de Notre-Dame de
Senlis : ils déclarèrent consentir au démembrement, à condition que leurs droits fussent réservés ou indemnisés, ce à quoi
s'engagèrent le curé de Chantilly, Martin Berger, et le capitaine du château, Claude Richard, sieur du Plessis-Godard,
représentant le prince de Condé. Comparurent ensuite Jean

Nicolas, hôte du *Grand-Cerf*, son voisin le chirurgien Henri Lejeune, puis le jardinier Adrien Bordier et le boulanger Pierre Barré, « demeurant proche l'hôtel de Beauvais » ; sous des formules diverses, tous représentèrent que l'éloignement de l'église de Gouvieux en rendait la fréquentation impossible, et n'eurent pas de peine à démontrer combien il était désirable que le curé de Chantilly pût leur administrer les sacrements et instruire leurs enfants.

M. d'Ormesson rendit le décret de démembrement le 10 juillet 1692 ; l'opération de délimitation n'eut lieu qu'un an plus tard : le 18 août 1693, quatre bornes furent plantées depuis le coin du bois Bourillon jusqu'au bas du coteau de la plaine des Remises. La première de ces bornes a subsisté jusqu'à la création de la voie ferrée ; déplacée alors et enfouie en terre, puis exhumée de longues années après et transportée dans la cour de l'Hôtel-de-Ville, elle fut donnée au Musée Condé, en 1907, par le Conseil municipal de Chantilly. Je l'ai fait placer à l'entrée du Jeu-de-Paume, c'est-à-dire sur la limite des diocèses de Senlis et de Beauvais avant la création de la paroisse. Cette borne porte, sur la face qui regarde Chantilly, les armes du diocèse de Beauvais, quatre clefs dans un écusson, et sur l'autre face les armes du diocèse de Senlis, la Vierge portant l'enfant Jésus.

En même temps que l'église, le prince Henry-Jules fit bâtir, tout à côté, une maison où il établit une communauté de « filles rouges ». A la fin de l'année 1708, il transporta cette communauté à Écouen, et concéda la maison à Jean Lemaire, le maître-maçon qui l'avait construite en 1690 Lemaire en fit une hôtellerie à l'enseigne de *l'Épée Royale*. L'hôtel de *l'Épée* subsista jusqu'en 1875 ; M. le duc d'Aumale l'acquit alors et le fit jeter à bas.

En cette année 1692 qui vit naitre la commune de Chantilly, le prince de Condé fournit au roi l'aveu et dénombrement de son domaine ; il n'est pas sans intérêt de citer quelques passages de ce document, pour fixer l'état des lieux aux alentours du château :

« Premièrement, nous appartient le château de Chantilly, consistant en plusieurs et grands édifices, bâtimens et cours,

enfermés de fossés revêtus de pierre de taille et étangs d'eau
vive, sur lesquels il y a plusieurs ponts-levis pour donner entrée
et sortie audit château ; jardins, parterres et parc, dans lesquelles il y a plusieurs fontaines, cascades, jets d'eau et
canaux.

« *Item* dans lesdits jardins et parc il y a une grande galerie
appelée la galerie des Cerfs ; *item* une grande ménagerie, une
orangerie et une faisanderie estant dans lesdits jardins et parc
(la ménagerie à Vineuil, la faisanderie à Quinquempoix, l'orangerie et la galerie des Cerfs près du château, au bas de la
terrasse du Jeu-de-Paume actuel).

« *Item* ledit parc contient 3800 arpens ou environ qui sont
fermés de murs, auxquels il y a quatre portes pour y donner
entrée, la première proche la chapelle Saint-Germain de Quincampoix (la porte Princesse, entrée de l'avenue du Bouteiller
sur le côté nord de la rue du Connétable), la seconde proche le
boquet de Vineuil pour aller au bourg de Saint-Leu, la troisième tenant au village d'Apremont, et la quatrième proche le
village de Saint-Firmin....

« *Item* nous avons fait nouvellement ériger en paroisse ledit
lieu de Chantilly, et y avons fait édifier, construire et orner
une belle église dédiée sous le nom de Notre-Dame de l'Assomp-
tion, et avons doté la cure, de laquelle nous sommes collateur
et patron.

« *Item* devant le château dudit Chantilly est une grande
place qui nous appartient, dans laquelle est la principale porte
et entrée dudit château, et un grand escalier à plusieurs
rampes qui descend dans les jardins d'iceluy. Et à la sortie de
ladite grande place sont deux grandes portes à pont-levis qui
donnent entrée dans icelle. Au devant de laquelle place et
jusques à la forêt est une grande place qui sert d'ornement
audit château et nous appartient pareillement ; et dans laquelle
place, proche la forêt, est une chapelle (Sainte-Croix). Et en
un autre lieu dans ladite place est un bâtiment où se tenoit
autrefois la justice de Chantilly ».

Cette maison de l'ancienne justice se trouvait sur une partie
de l'emplacement du fossé sec et de la terrasse d'Enghien, du
côté de l'étang de Sylvie. Elle existe encore en 1692, dix-huit

ans après la création de l'avant-cour et de la·nouvelle entrée du château ; les bâtiments édifiés par le connétable Anne de Montmorency ne disparurent pas tous immédiatement, bien qu'ils ne figurent plus, dès 1680, sur les plans manuscrits ou gravés. La vieille chaussée, qui, de la pelouse, aboutissait devant le petit château, ne fut détruite qu'en 1687, ainsi que le portique et les deux petites maisons qui l'accompagnaient ; cette chaussée mesurait 35 toises et demie de long sur 5 toises 1 pied de large et 8 pieds et demi de haut, suivant le « toisé des fouilles et transports de terre » fait le 24 avril 1687 par Hubert Simon, appareilleur des ouvrages du prince de Condé.

« *Item* proche des murailles desdits jardins et parc nous appartient un hôtel et maison appelé Bucamp, consistant en plusieurs logemens, écuries, et un colombier à pied (au dessous du Jeu-de-Paume actuel et au bord de la route).

« *Item* une autre grande maison à nous appartenante, appelée l'hôtel de Beauvais (n°ˢ 10-12 de la rue du Connétable) ;

« *Item* une autre maison et hôtel appelé la Capitainerie » (n° 14). C'est tout nouvellement que la capitainerie avait été établie près de l'hôtel de Beauvais ; elle y resta jusqu'à la Révolution. Pendant les confiscations de Chantilly (1632 à 1643 et 1654 à 1660), le capitaine de Chantilly, marquis de Saint-Simon, habita le petit château, qui de ce fait reçut. mais pour ce temps seulement, le nom de Capitainerie. En 1660, le Grand Condé logea le capitaine, Étienne Dalmas, et après lui Claude Richard, dans les bâtiments de l'ancien Chantier (entre les Six-Arbres et le Pavé) ; un document de 1662 mentionne « le logement de la Capitainerie autrefois appelé le Chantier, le parc aux daims joignant ledit logement, etc.) ».

« *Item* nous appartient une pièce de terre contenant 58 arpens, sise au derrière de l'église et s'étendant jusqu'à la forêt ; *item* proche ladite pièce de terre nous en appartient une autre contenant sept arpens ou environ, dans laquelle sont deux réservoirs d'eau servant aux cascades et jets d'eau dudit château, et aux environs desdits réservoirs plusieurs rangées et salles d'arbres ; *item* proche lesdits réservoirs nous appartient plusieurs pièces de terre nouvellement acquises, qui sont incultes et servent seulement pour l'embellissement desdits lieux... ».

La place du Marché fut créée par le prince Henry-Jules; elle occupe les cours des maisons représentées aujourd'hui par les nᵒˢ 24 à 40. Le 28 octobre 1708, le prince acquit de Pierre Barré et de sa sœur Marie, femme d'Antoine Duru, « une place servant de cour qui est au devant d'une maison à eux appartenant (nᵒˢ 24-26), sise à Chantilly, rue Quinquempoix, au lieu dit les Casernes ». Il y avait dans cette cour un puits qui fut conservé jusqu'au XIXᵉ siècle; sur un plan de 1808, il est marqué en face du mur qui sépare les maisons 22 et 24. — Le même jour, le prince acquit aussi la cour de la maison (nᵒ 28) suivante, appartenant à la veuve d'Henri Blampied, Barbe Aubry, et à ses enfants Claude, Marie-Jeanne et Françoise. — Le 16 février 1709, Pierre Devaux (successeur de Pierre Debauve) vendit au prince « une cour qui est au devant de sa maison (nᵒˢ 30-32), contenant 7 toises et demie de long sur 6 toises de large, sise à Chantilly, appelée les Casernes, y compris les murs, portes et appentis qui sont dans ladite cour ». — Vient ensuite la propriété Roland, qui forme alors deux maisons, et qui en formera bientôt quatre (nᵒˢ 34 à 40); ces deux maisons, dont l'une est appelée « la Table Roland », appartiennent alors à Fiacre Prou, couvreur d'ardoises, marié à Catherine Mennessier Le 16 février 1709, ceux-ci vendent au prince « deux cours qui sont au devant de leur maison, dite les Casernes, lesquelles deux cours contiennent ensemble 12 toises de long sur 6 toises de large ; plus une écurie en appentis tenant à la croupe du corps de logis, et trois autres appentis qui sont dans lesdites cours, avec les murs qui renferment lesdites cours... ». Là aussi il y avait un puits qui fut conservé et qui existe encore (pompe en face du nᵒ 34).

Fiacre Prou et sa femme avaient déjà vendu au prince, le 28 octobre 1708, deux jardins occupant aujourd'hui le fond de la place et l'emplacement des maisons 42 et 44 : « Deux jardins tenant ensemble, situés à Chantilly, rue de Quincampoix, joignant d'un côté à la rue, d'autre aux Potagers, d'un bout à la melonnière desdits potagers, d'autre bout à un appentis tenant aux maisons appelées les Casernes appartenant aux vendeurs ».

En 1707 et 1708, le prince Henry-Jules fit l'acquisition des hôtelleries de *la Grande-Barbe*, de *l'Épée Royale* et des *Trois-Couronnes*, qui occupaient l'emplacement compris entre la porte Saint-Denis et la maison Mauclair, avec cours et jardins donnant sur la Pelouse; il avait déjà fait construire des remises pour ses carrosses sur le côté oriental de *la Grande-Barbe*, et il n'achetait ces maisons que pour les jeter à bas et construire une vaste écurie destinée à remplacer les écuries de Bucamp. Le projet fut établi, et les Archives de Chantilly conservent une épure appliquée sur le plan de ces maisons; elle montre la façade du bâtiment projeté, avec la coupe des deux pavillons qui devaient l'encadrer. La mort du prince de Condé (1er avril 1709), suivie bientôt de celle de son fils (4 mars 1710) et de la minorité de son petit-fils, fit abandonner momentanément la construction des nouvelles écuries. Le projet fut repris en 1718, et sur des bases plus grandioses.

*
* *

Louis-Henri-Auguste de Bourbon, septième prince de Condé, fils de Louis III, et petit-fils, par sa mère, de Louis XIV et de Mme de Montespan, garda le titre de duc de Bourbon après la mort de son père et fut désigné, selon la tradition, sous le nom de M. le Duc. Il épousa, en 1713, sa cousine Marie-Anne de Bourbon-Conti. Veuf en 1720, il tomba sous le joug de Mme de Prie, et devint premier ministre du jeune Louis XV après la mort du Régent (1722). Ce fut pour peu de temps. Vaincu dans sa lutte contre le cardinal de Fleury, le duc de Bourbon fut exilé à Chantilly (1726), pendant que Mme de Prie était reléguée en Normandie, où elle mourut au bout de quelques mois. Rentré en grâce en décembre 1727, M. le Duc épousa, en juin 1728, la princesse Caroline de Hesse-Rhinfeld, et partagea dès lors sa vie entre Chantilly et la Cour, n'ayant aucune part au pouvoir, aucune influence auprès de Louis XV. Il mourut le 27 janvier 1740. Nous n'avons pas à juger son rôle politique, ni même à apprécier son caractère. Mais il aima passionnément les sciences et les arts, il fut un forcené bâtisseur, c'est à lui que la ville de Chantilly doit véritablement l'existence, et à ce titre il nous intéresse. Immensément riche, follement prodigue pour satisfaire ses fantaisies, épris de Chantilly plus qu'aucun de sa race, il paraît avoir fait de l'embellissement de ce domaine le but de son existence ; Saint-Simon déclare que « les sommes prodigieuses » qu'y avait dépensées le prince Henry-Jules de 1687 à 1709 « ont été des bagatelles en comparaison des trésors que son petit-fils y a enterrés et des merveilles qu'il y a faites ».

J'ai longuement décrit ailleurs [1] les embellissements apportés au château de 1718 à 1722, et je ne dois parler ici que de la ville. On peut dire que, pendant vingt ans, Chantilly fut un vaste chantier. Jean Aubert fut l'architecte des constructions entreprises partout à la fois. La première et la plus importante fut évidemment l'immense monument, chef-d'œuvre de l'architecture civile au XVIIIe siècle, destiné à recevoir les chevaux, les voitures et les chiens. Les maisons qui se trouvaient de ce côté perdirent leurs cours et jardins ; *la Grande-Barbe* disparut, absorbée par le Manège ; le coin occidental de cette hôtellerie, maison qu'on appelait *la Petite-Barbe*, subsiste seul (nº 1 de la rue du Connétable) ; l'ancienne hôtellerie des *Trois-Couronnes* fut remaniée pour donner l'entrée aux Écuries (nºˢ 7 et 9).

L'église fut allongée en 1724-1725, et le curé, qui jusqu'alors habitait l'hôtel de Beauvais, fut logé dans un presbytère édifié tout contre (nº 10, au fond de la cour). En même temps, l'aile gauche de l'hôtel de Quinquempoix fut construite pour recevoir de nouvelles forges, où travailla dès cette époque l'auteur de la dynastie des Toupet, dont le dernier descendant occupe encore ce même atelier. Le réservoir de la Pelouse, jugé insuffisant, fut doublé en 1720 du côté des Écuries ; celui qui subsiste représente la moitié de cette adjonction.

La « Charité de Chantilly », installée par le Grand Condé à Vineuil, dans la rue des Sœurs (au milieu à droite), fut transportée à Chantilly par le duc de Bourbon. Le prince acquit à cet effet un vaste terrain qui descendait jusqu'au quai de la Canardière ; on n'utilisa que la partie située sur le plateau, où

---

[1] *Les Arts dans la Maison de Condé*, Paris, 1903, in-4°, p. 66-86.

les premiers bâtiments du nouvel hôpital furent construits en 1723-1724. Quelques années après, 1728-1729, les administrateurs de l'hôpital vendirent la partie inférieure du terrain à Laurent Bulidon et à Étienne Collant, qui bâtirent deux maisons ; la première, celle de Bulidon, fut une hôtellerie à l'enseigne des *Trois-Pigeons* ; elle forme l'angle occidental de la rue de Creil et du quai de la Canardière.

A la suite des propriétés Bulidon et Collant, M. le Duc avait déjà concédé, le 6 avril 1723, un grand terrain à Jean Poulet, maçon tailleur de pierres : le preneur s'obligeait à construire une maison « suivant les alignements et dessins que le sieur Dumas, inspecteur de Chantilly, lui donnera » ; il devait aussi ouvrir une carrière où le prince se réservait le droit de faire tirer de la pierre pour les besoins de ses bâtiments. Le terrain concédé à Poulet s'arrêtait à 32 mètres environ en deçà de la rue actuelle des Fontaines. Ces 32 mètres du quai de la Canardière, avec une pareille longueur en montant la rue, formaient alors la partie orientale de la place de la Grande-Fontaine. Cette grande fontaine fut supprimée en 1787, lorsque le prince de Condé concéda ce terrain d'angle à Charles Perpette.

Derrière l'hôpital, la maison dite le « château Gaillard » fut bâtie en 1728 à l'extrémité de l'allée qui partait des Écuries. Au long de cette allée, en face de la petite Pelouse, le duc de Bourbon fit construire les « Petits-Chenils », qui occupaient un espace de 130 mètres environ sur la rue d'Aumale, entre le n° 24 et l'emplacement de l'ancien hôtel du Grand-Condé, sur une largeur de 50 : c'est là qu'on élevait les jeunes chiens, là aussi qu'on soignait les chevaux et les chiens malades.

Entre ces chenils et la rue s'élevèrent les maisons qui portent les n°⁵ 83 à 101, construites sur des terrains concédés par le prince le 12 décembre 1727 : l'acte de concession imposa l'obligation de bâtir d'une façon uniforme, tant sur la rue que par derrière, suivant les plans et profils dressés par l'architecte Aubert. — La maison n° 83 porte en 1737 l'enseigne *Aux Treize-Cantons* ; en 1748, c'est le *Dauphin Couronné*, en 1752 le *Pilon d'Or*. — Le n° 85 porte l'enseigne de *la Belle-Image* en 1745. — Le 87 fut bâti par le serrurier Jacques Toupet. — Le 93 eut pour première enseigne *Aux Treize-Cantons*, parcequ'il était loué à « Marguerite Létoile, femme de Loncy Vicky, *suisse* du grand château, laquelle y fait cabaret ». En 1737, Marguerite a placé son enseigne sur le n° 83, où elle est locataire, et le n° 93 est devenu l'hôtel des *Trois-Couronnes*. — Le n° 95 avait pour enseigne le *Mouton Couronné*, le 97 *la Croix-Blanche*.

A la suite, le terrain occupé par les n°ˢ 103-107 de la rue du Connétable et 24-26 de la rue d'Aumale, fut concédé en 1725 au charpentier Jean Binet, dit Berrichon parcequ'il était originaire du Berry. Sur ce vaste terrain, Berrichon construisit aussitôt des maisons sur la rue, une au milieu de la cour, et des bâtiments autour de cette cour. Une des maisons sur rue eut d'abord pour enseigne *l'École*, puis *la Chasse Royale*. Je risquerais de ne pas me faire comprendre si j'essayais d'exposer les transformations successives de cette grande propriété ; je dirai seulement que les constructions se sont multipliées par la suite à l'intérieur de la cour, qui s'est trouvée réduite au passage dit « la cour des Miracles ».

Le n° 1 de la place de l'Hôpital et le 28 de la rue d'Aumale couvrent un terrain concédé au maçon Henri Bulidon le 16 avril 1724 : « Une place située aux Fontaines, appelée la Fondrière, où on tiroit autrefois du sable, contenant 26 toises de face sur 38 de profondeur ». De ces 26 toises de face, 19 sont à prendre derrière les maisons 109 et 111, dont l'emplacement n'était pas encore concédé. Ce terrain faisait partie de trois arpents de terre acquis de Boulemer de Lamartinière par le prince Henry-Jules pour en extraire du sable. La maison bâtie par Bulidon eut pour enseigne le *Signe de la Croix* ; elle tenait d'occident à l'auberge des *Trois-Sabots*, appartenant à Louis Laville, maçon limousin (n° 3 de la place de l'Hôpital).

Nous sommes ici sur des terres démembrées de l'ancien domaine de Normandie, et Laville avait bâti (1722) sa maison sur un terrain dont il était propriétaire. Il en fut de même pour son voisin, le charpentier Antoine Tonny, qui construisit vers la même date la maison n° 5, dite alors l'hôtel de *Limoges*; le 30 mars 1730, le duc de Bourbon lui concéda le terrain à la suite, à la charge de se conformer « aux alignemens et distribution des faces qui lui seront donnés par les officiers de

S. A. R. », et Tonny édifia aussitôt une seconde maison qui est
aujourd'hui l'hôtel d'Angleterre. Les deux maisons n'en
formèrent longtemps qu'une : elle porte en 1734 l'enseigne
A la Providence, remplacée en 1745 par l'enseigne *Au Grand
Turc*.

Le terrain concédé à Tonny faisait partie des terres de Normandie, acquises, ce même jour 30 mars 1730 [1], par le duc de
Bourbon. Nous avons laissé [2] la maison de Normandie, en
1662, aux mains de Marguerite Tricot, veuve de Simon Desprez, receveur de Chantilly. Elle passa ensuite à son fils
Claude, aussi receveur de Chantilly, marié à Suzanne Dathie ;
puis elle est indivise entre leurs héritiers dans le premier quart
du xviiie siècle ; mais le nom de Normandie a disparu, on dit
alors « le petit Chantilly ». Le 10 août 1725, un quart est vendu
à Jean Vignon, maçon à Vineuil, par Marie-Anne Desprez,
veuve d'André Le Prevost, sieur de La Prevostière, gouverneur de Pondichéry ; Jean Vignon céda ce quart au duc de
Bourbon le 15 novembre 1730.

Le 13 novembre 1728, Geneviève Desprez, veuve de Guillaume Guyon, trésorier de la maison du Roi, vend à Florent
Diot, marchand de vin demeurant aux Fontaines lès Chantilly, « le quart par indivis d'une maison sise audit lieu des
Fontaines, autrement appelée le petit Chantilly, terres en
dépendant, à elle appartenant avec ses sœurs et les enfants de
son frère, feu Michel Desprez, ses cohéritiers dans la succession de Claude Desprez, leur père ». Enfin les deux autres
quarts furent acquis par Florent Diot, le 5 février 1729, de
Jeanne-Renée Desprez, veuve de Louis-Pascal Delalande, commissaire des guerres, François Cuperly, receveur des finances
de Flandre, et Catherine Desprez, sa femme, Agnès Desprez,
veuve de Claude Boivin d'Hardancourt, gouverneur de Pondichéry, et Marie-Béatrix Desprez, religieuse. L'ensemble avait
été loué à Pierre Quévreux, pour neuf ans, le 10 décembre
1720.

---

[1] Ces contrats du 30 mars 1730, qui sont comme l'acte de naissance de
la place de l'Hôpital, indiquent un plan d'ensemble nettement arrêté
lors de l'acquisition de la maison de Normandie.

[2] Voir les *Origines de la ville de Chantilly*, p. 53.

Florent Diot céda son acquisition au duc de Bourbon le
30 mars 1730, et le prince créa aussitôt cette manufacture de
porcelaines dont les produits portèrent au loin la renommée de
Chantilly. Comme on se proposait d'imiter la porcelaine du
Japon, la rue « qui descend au pavillon de Manse » fut d'abord
nommée la rue du Japon ; ce fut ensuite la rue de la Manufacture, et, au xixᵉ siècle, la rue de la Machine. L'emplacement de la manufacture est occupé par la maison et cour Aaron
et par les dernières maisons de la rue du Connétable.

Le duc de Bourbon eut alors à cœur de terminer l'alignement de la grande rue et d'arrêter celui de la place de l'Hôpital. Le terrain couvert aujourd'hui par les maisons 109 et 111, ·
mesurant 19 toises de long sur 8 toises 2 pieds de large, fut
concédé, le 10 novembre 1732, au paveur Nicolas Marchand :
« Une place située aux Fontaines, à prendre depuis la maison
de Jean Binet, dit Berrichon, en allant vis-à-vis l'encoignure du
mur de cloture de la manufacture de porcelaines, jusqu'au mur
de cloture de la veuve Henri Bulidon. Le mur en retour qui
fermera ladite place sera pris dans l'alignement de celui qui
ferme ladite manufacture en descendant la rue du Japon qui
conduit à la grille du pavillon de Manse ; ce mur en retour, de
8 toises 2 pieds, joindra celui de cloture de la cour de ladite
Bulidon..., et ladite place se rapportera par alignement à celle
du clos de la manufacture de porcelaines... ». Voici la fin de
l'acte de concession : « A la charge par ledit acceptant et sous
l'expresse condition de faire un mur et terrasse sur la rue à
hauteur du pavé (le terrain était donc en contre-bas), bon et
suffisant, pour soutenir les terres des accotemens du grand
chemin ; au dessus duquel mur il sera tenu d'élever un autre
mur de cloture à la hauteur ordinaire, ainsi qu'en retour jusqu'au mur de la cour de ladite veuve Bulidon ; de mettre par
l'acceptant dès ce jour d'hui le nombre d'ouvriers nécessaires
pour faire et construire les dits murs sans retard ; et lorsque
ledit acceptant fera maison et bâtimens, il ne le pourra faire
que suivant les plans, profils et élévations qui lui en seront
donnés par l'inspecteur et approuvés par S. A. S. ». La maison
bâtie par Marchand est celle qui porte le nᵒ 109 ; le nᵒ 111 fut
édifié beaucoup plus tard sur l'angle du terrain concédé.

Par le contrat passé avec Florent Diot le 30 mars 1730, le prince lui rétrocédait « 72 verges de terrain tenant d'un côté à la place devant l'hôpital, d'autre côté à la maison du nommé Bécu, maçon, à distance de six pieds et au chemin qui descend sur la chaussée des Fontaines, d'un bout du couchant au mur de l'hôpital, à distance de quatre toises réservées pour faire une rue, et au mur du jardin de Duchâtel, et d'autre bout au chemin de Luzarches à Creil ». Florent Diot fit aussitôt construire une grande maison qui eut pour enseigne *A la Grâce de Dieu*, et céda la partie orientale de son terrain à son beau-frère Martin Pinçon, qui fit bâtir une auberge à l'enseigne des *Trois-Pots*. Ces deux maisons occupaient et occupent encore la face nord de la place de l'Hôpital.

Le prince compléta et régularisa ce côté de la place en concédant le terrain situé entre la rue de la Manufacture et la route de Creil, au dessus des maisons du vieux hameau de Normandie. Le 30 mars 1730, le jour même de l'acquisition (ce qui montre un plan d'ensemble longuement étudié et nettement arrêté), il concède à Charles Defresne, sergent au bailliage de Chantilly, « un terrain à bâtir contenant 22 verges et demie de superficie, lieu dit le Petit Chantilly, tenant d'un côté à la rue qui descend au pavillon de Manse. ., d'alignement avec Diot, à la charge de continuer à faire bâtir et construire bâtimens qui seront suivant les plans, profils et élévations qui en ont été faits par le sieur Aubert et approuvés par S. A. S... ». Defresne vendit les deux tiers de son terrain, et trois maisons furent aussitôt édifiées.

A la suite, un terrain de 6 toises de face sur 12 toises 2 pieds de profondeur fut concédé, ce même jour 30 mars, à Madeleine Bertaut, veuve du maçon Michel Barbier. Elle entreprit aussitôt, d'après les plans dressés par l'architecte du prince, la construction d'une maison qu'elle vendit en 1736 à Jacques Lefrançois, appareilleur, qui lui donna pour enseigne le *Compas d'Or* La concession fut augmentée, le 12 juillet 1737, de 11 pieds dans la direction de la route de Creil, « à la charge expressément de continuer et faire bâtir sur icelle place un bâtiment dont la face et le comble soient semblables aux deux maisons y tenant, et que la coupe soit semblable à celle de la maison Durost (édifiée sur une partie du terrain concédé à Defresne). Et comme la veuve Barbier n'a pu achever le bâtiment par elle commencé, ledit Lefrançois sera tenu en dedans six mois de faire parachever ladite maison, le tout suivant les plans, profils et élévations qui en ont été donnés par MM. Aubert et Leroy, architectes ». Lefrançois céda une partie de son terrain, face à la route de Creil, et deux maisons y furent édifiées. Plus bas, les auberges du *Lion d'Or* et du *Cheval Blanc* représentaient d'anciennes maisons du vieux hameau.

*
* *

La transformation des terres de Normandie est assez bien expliquée dans un mémoire que le capitaine de Chantilly, Sigismond de Sarrobert, rédigea en 1741, après la mort du duc de Bourbon, « pour informer Monseigneur le comte de Charolais de la vérité des choses au sujet des terres du bout des Fontaines » (Charles de Bourbon, comte de Charolais, était le frère du duc de Bourbon et le tuteur du petit prince de Condé) :

« La Pelouse, qui appartient tout entière à S. A. S., est entre les bords de la forêt et les maisons de Chantilly. Elle est bornée du côté des Fontaines par un fossé qui est au bout des chenils des jeunes chiens. Tout ce qui est au delà dudit fossé en tirant vers l'hôpital et Gouvieux appartenoit autrefois à des particuliers.

« Mgr le Prince (Henry-Jules), pour avoir des sables pour les bâtimens qu'il faisoit faire, il y a plus de quarante ans, acheta (de Nicolas Boulemer de Lamartinière, vers 1695) une pièce de trois arpens de terre qui est celle joignant le fossé. Elle a servi à cela tant qu'il y en a eu. Les maisons de Berrichon et de Bulidon sont bâties au bout de ces trois arpens sur la rue, Mgr le Duc leur en ayant donné les emplacemens avec chacun un petit jardin derrière, lequel ils ont borné par un mur.

« Après la pièce ci-dessus étoit une autre pièce de trois arpens. Depuis le chemin qui est aujourd'hui la rue où ils ont bâti les maisons, ladite pièce va jusqu'au bord de la forêt.

Cette seconde pièce de trois arpens appartenoit à une famille [1] qui l'a partagée en deux (dans le sens de la longueur). Une famille [2] a fait donation de son arpent et demi à Laville, maçon, et sa femme, par contrat de septembre 1721 ; ledit Laville y a bâti une maison au bout sur la rue (n° 3 de la place de l'Hôpital). L'autre famille [3] a vendu son arpent et demi à un nommé Tonny, charpentier de Chantilly, qui a aussi bâti une maison au bout de la rue (n° 5), d'alignement avec les deux précédentes.

« Après ces trois arpens ci-dessus est une pièce de 20 arpens carrés qui occupe depuis le chemin ou la place de l'Hôpital jusqu'à la forêt, à travers laquelle le grand chemin de Paris venant de La Morlaye aux Fontaines passe presque de coin en coin ; cette pièce appartenant à la maison que l'on appeloit le Petit Chantilly, où est à présent la manufacture de porcelaines. Tous les sables employés aux bâtimens des écuries et autres qui les accompagnent ont été pris dans ces 20 arpens, qui ont été entièrement dégradés, excepté environ cinq arpens qui restent du côté du nouveau cimetière (cimetière de l'Hôpital).

« La maison appelée le Petit Chantilly appartenoit avec ses dépendances (et par conséquent la pièce de 20 arpens ci-dessus) à un Mr Desprez, qu'on disoit être un commissaire des guerres qui demeuroit à Lille [4], qui ayant fait dire à quelqu'un de Chantilly qu'il vouloit vendre ce bien, le nommé Diot fut à Lille et en fit l'acquisition. J'empêchai l'ensaisinement (enregistrement) des fermiers généraux de S. A. S., afin qu'Elle reprît cet héritage par retrait féodal pour la convenance comme je vais le dire, et Elle le fit aussi [5].

---

[1] La famille Delapierre. Ces trois arpens étaient un démembrement de l'ancien domaine de Normandie (voir *Les Origines de la ville*, p. 52). Claude Delapierre en avait fait l'acquisition le 20 novembre 1624.

[2] Claude Renault et sa femme Geneviève Delapierre, fille de Claude, maître de *la Grande-Barbe*. Le contrat n'est pas de septembre 1721, mais du 15 janvier 1722.

[3] Jean Dulude, fils de Claude et de Louise Marton, celle-ci fille de Louise Delapierre.

[4] Ce passage peut être rectifié et complété par l'acte de vente que nous avons cité plus haut.

[5] D'après le droit féodal, un bien chargé de cens pouvait être repris

« Premièrement, l'allée d'ormes qui règne sur le bord de la forêt depuis le coin du bois Bourillon jusqu'à la Diane (la Pelouse était moins large qu'aujourd'hui) est plantée dans la pièce de 20 arpens ci-dessus à l'endroit où elle passe dessus ; les bornes y sont encore, si on ne les a pas ôtées depuis l'acquisition. Secondement, tous les sables qui ont été employés dans les bâtimens de Chantilly depuis 1719 ont été pris sur cette pièce, comme sur celles de Laville et de Tonny, ce qui les a détruites ; en sorte que de la pièce de 20 arpens il n'en reste plus qu'environ 4 arpens et demi où l'on n'a pas encore touché ni enlevé les sables [1] ; ils ont été loués à Vanmerle, garde, pour cinq ans qui finiront à la fin de 1744, moyennant 110 sols par an.

« Je savois que ledit Diot se vantoit déjà de tirer de feu Mgr le Duc des gros dommages des dégradations de cette terre.... Il auroit cherché chicane à l'Hôpital même, disant qu'une partie étoit plantée sur son terrain. Mais par ce retrait et par l'accommodement que ledit Diot a fait à l'amiable, nous avons cassé le col à tous les procès à venir projetés, et ledit Diot, outre son remboursement des sommes qu'il avoit payées, même des frais de contrat, fut gratifié par S. A. S. du bel emplacement où il a bâti cette grande maison faisant face de 40 toises de longueur sur la place de l'Hôpital, et d'un demi-arpent de jardin à côté les murs du jardin de l'hôpital, et d'un autre emplacement de maison qu'il a faite sous la manufacture de porcelaines.

« Tonny ayant voulu depuis allonger sa maison de deux ou trois travées, S. A. S. consentit de donner son allongement sur la pièce de 20 arpens nouvellement acquise, à condition qu'il céderoit en échange à S. A. S. le restant de la pièce d'un arpent et demi par delà le mur du jardin qu'il avoit fait derrière sa maison, ce qui fut exécuté ; de sorte que Laville, voisin de Tonny, est le seul à qui il est demeuré en propre, derrière

---

par le seigneur en cas d'aliénation, à la charge de rembourser le prix. C'est ce qu'on appelait le retrait féodal.

[1] Entre le grand chemin de Paris à l'est, la ruelle Briolat à l'ouest, et le cimetière de l'Hôpital au nord.

sa maison et jardin, le restant de sa pièce d'un arpent et demi, qui se termine à la forêt [1].

« Lorsque tout cela se fit, Laville se plaignit à M. Dumas (inspecteur des bâtiments) et à moi de ce que le restant de sa pièce d'un arpent et demi étoit dégradé par l'enlèvement des sables d'environ un tiers. Nous répondîmes que comme la portion de Tonny avoit à peu près le même sort, il n'avoit qu'à jouir de ces deux restes, c'est-à-dire avec le sien de celui de Tonny acquis par S. A. S., en attendant qu'il fût indemnisé.

« L'emplacement à pouvoir bâtir des maisons faisant face à la grande maison de Diot, entre les murs de l'hôpital et la maison de Tonny, en observant la symétrie et l'alignement des maisons déjà bâties, et laissant la rue pour le grand chemin, m'a été vendu par S. A. S. par contrat passé devant notaires, pour la somme de 60 livres, dont j'ai la quittance de M. de La Genetière (trésorier du duc de Bourbon). Je suis même le seul, de tous ceux qui ont eu des emplacemens, qui l'aie acheté, car tout le reste a été donné ou concédé pour rien à de nouveaux cens ».

En effet, le 30 mars 1730, le duc de Bourbon céda et délaissa, moyennant 60 livres tournois et un cens annuel et perpétuel de 2 sols 6 deniers, « à M. Sigismond de Sarrobert, chevalier de Saint-Louis, capitaine de Chantilly et des chasses de S. A. S., une pièce de terre située aux Fontaines devant l'hôpital, contenant un arpent, tenant d'un côté à la pelouse (place) dudit hôpital, en alignement (à trois pieds de distance de l'égout du pavillon de l'hôpital) avec les maisons qui sont bâties sur la même ligne (nos 1 à 5), d'autre côté au chemin de Gouvieux, d'un bout au chemin conduisant de Luzarches à Creil, d'autre bout au mur de l'hôpital, à quatre toises de distance à cause de la rue qui sera entre deux ; ladite pièce de terre faisant partie de celles retirées par S. A. S. de Florent Diot suivant le contrat qui en a été passé ce jour d'hui ».

Dix-huit années s'écoulèrent avant que ce terrain ne fût utilisé ; il fut enfin vendu, le 20 janvier 1748, par le fils de M. de

---

[1] Ce « restant » de la pièce de Laville fut enfin acquis par le prince Louis-Joseph en 1776.

Sarrobert, Louis, aussi capitaine de Chantilly, à Alexandre Legrand, entrepreneur de bâtiments [1]. Le terrain, qui épousait la forme d'un carré parfait, fut coupé en biais, dans sa partie orientale, par le redressement de la grande route en 1760 (rue de Paris) [2]. L'ancien chemin longeait la maison et le jardin du *Grand-Turc* (hôtel d'Angleterre); l'emplacement de ce chemin rentra dans le domaine du seigneur de Chantilly. Entre cet emplacement et le nouveau tracé, un terrain triangulaire, aboutissant en pointe à l'entrée cochère de l'hôtel d'Angleterre, fut vendu par Alexandre Legrand, au printemps de 1764, à Charles Albert, marchand de bois, qui fit construire une grande maison à l'enseigne du *Grand-Monarque*. Derrière, l'ancien tracé fut concédé par le prince de Condé, le 19 avril 1765, à Jean-Baptiste Petit, couvreur, qui fit bâtir un cabaret à l'enseigne de l'*Éventail* (nᵒˢ 1 et 3 de la rue de Paris); le jardin de cette maison Petit est devenu le nᵒ 38 de la rue d'Aumale.

De l'autre côté, Alexandre Legrand garda le terrain bordant la rue de Paris, et vendit le reste à des particuliers. En commençant par le coin sud-occidental, qui fait l'angle de la rue de Gouvieux et de la rue de l'Hôpital, nous rencontrons d'abord la maison du charpentier Antoine Richette, bâtie en 1750, à l'enseigne de l'*Étoile*. A côté, le maçon André Hédouin possède « un terrain regardant la place qui fait face à la chapelle Saint-Laurent » (cette place est aujourd'hui occupée par les classes de l'Hospice); il y fit construire une maison vers 1762. A la suite, le terrain formant l'angle de la rue et de la place de l'Hôpital est acquis par Simon Duval, marchand de charbon, le 3 septembre 1751; un terrain attenant, face à la place, mesurant 4 toises de large sur 10 de profondeur, est acheté par Jacques Compagnon, maçon à Vineuil, le 7 janvier 1752, et

---

[1] Sauf le coin sud-occidental, angle de la rue de Gouvieux et de la rue de l'Hôpital, qui fut vendu par Louis de Sarrobert, en 1749, au charpentier Antoine Richette.

[2] Ce redressement était imposé par le tracé définitif de la grande route de Luzarches à Creil, créée sous Louis XV. Dès 1746, nous rencontrons Claude Bouillette, « entrepreneur du chemin de Chantilly à Creil» demeurant à Margny-les-Compiègne ».

porte une maison en 1761 : ces deux propriétés sont réunies vers 1770 par le boulanger Jacques Poirée, qui fait construire une grande maison (aujourd'hui l'hôtel d'Albion). Vient ensuite un lot de 7 toises de largeur sur 36 de profondeur, c'est-à-dire traversant tout le carré et aboutissant à la rue de Gouvieux; acquis le 21 juin 1751 par Jacques Lefrançois, entrepreneur de bâtiments, ce terrain, loué, servit longtemps de jardin à la maison suivante, bâtie par Pierre Auvry, tonnelier, sur un lot de 7 toises de large sur 9 mètres de profondeur à lui vendu par Alexandre Legrand le 6 janvier 1752 : en 1789, la propriété Auvry fut acquise par Toussaint Bougon, qui avait recueilli le terrain dans la succession de Jacques Lefrançois, son beau-père; il y eut là une manufacture de porcelaines sous le premier Empire.

Nous arrivons à l'angle de la place et de la rue de Paris, vendu par Legrand à Jacques Delaunoy, épicier; celui-ci céda son acquisition au marchand de bois Belosse, qui fit construire une maison vers 1765. Tout le côté occidental de la rue de Paris, entre la maison Belosse et la rue de Gouvieux, fut bâti de 1755 à 1765 par Alexandre Legrand, à frais communs avec un sieur Poulain. On fit trois grandes maisons; Legrand garda celle du milieu, Poulain eut les deux autres; celle qui occupait l'angle des rues de Paris et de Gouvieux fut un cabaret à l'enseigne du *Grand-Empereur*.

En traçant rapidement la constitution de ce pâté de maisons, j'ai anticipé sur les dates, puisque les constructions ne s'élevèrent que longtemps après la mort du duc de Bourbon; mais c'est ce prince qui avait déterminé les formes et alignements par l'acte de concession du 30 mars 1730. Enfin le duc de Bourbon établit un nouveau cimetière à gauche et en dehors du jardin de l'hôpital. La chapelle Saint-Laurent, qui se trouvait depuis 1534 sur la Pelouse, en face de Bucamp, ayant été démolie au cours de la construction des Écuries, le prince la fit rebâtir dans l'angle de droite de ce cimetière et lui conserva le même vocable. Le cimetière Saint-Laurent fut inauguré le 27 février 1736 par l'enterrement de Jean-Baptiste Baudet; c'est là que se firent dès lors la plupart des inhumations. Cependant le cimetière qui se trouvait derrière l'église continua de recevoir des corps jusqu'en 1793, en petit nombre il est vrai, puis il fut désaffecté.

*
* *

En même temps que le duc de Bourbon constituait le quartier des Fontaines, il faisait dresser par l'architecte Jean Aubert le plan d'une rangée de maisons destinée à encadrer la Pelouse entre les Réservoirs et les Écuries. Le premier projet comportait un pavillon central; le plan définitif ne conserva que deux pavillons aux extrémités.

Le terrain fut concédé à titre gratuit, moyennant un faible cens annuel, à la charge par chaque concessionnaire « de faire bâtir et construire une maison et autres bâtimens, que les façades de ladite maison du côté de la forêt soient uniformes aux autres maisons, et à 12 pieds du mur de clôture qui a été fait sur la Pelouse; que ladite maison et bâtimens seront suivant les plans, profils et situations qui en ont été faits par le sieur Aubert et approuvés par S. A. S.. A l'égard du terrain qui restera dans ladite place et par derrière (sur la rue), lui est permis d'y construire tels bâtimens qu'il souhaitera, n'étant assujetti pour l'uniformité qu'à la façade du côté de la forêt ». Les mêmes termes sont reproduits dans les actes de concession des terrains occupés aujourd'hui par les maisons 25 à 59 de la rue du Connétable, dont les jardins primitifs n'eurent que quatre mètres de profondeur Passons ces maisons en revue, en suivant l'ordre des numéros actuels :

25. Terrain concédé le 30 mars 1730 à Pierre Lefrançois, entrepreneur de bâtiments; auberge à l'enseigne du *Pélican*. — 27. Terrain concédé le 14 juillet 1729 à Guillaume Marlin, maréchal; maison à l'enseigne de *la Belle-Image* jusqu'en 1748; à *l'Image Notre-Dame* en 1774. — 29. Terrain concédé le 8 mai 1727 à Jean Aubry, serrurier. — 31 à 35. Terrain concédé le 20 avril 1726 à Jacques Lambert; hôtellerie à l'enseigne de *l'Ange*. — 37 et 39. Terrain concédé le 20 avril 1726 à Charles Doucet, boucher à Vineuil; maison à l'enseigne de *Saint-Louis*. — 41. Terrain concédé le 20 avril 1726 à Jacques Pavie; auberge à l'enseigne de *la Croix Blanche*. — 43 et 45. Terrain

concédé le 20 avril 1726 à Pierre Devaux, maçon ; cabaret à l'enseigne de *la Hure*. — 47. Terrain concédé le 15 juillet 1729 à Claude Moreau, maçon à La Morlaye ; hôtellerie à l'enseigne de *Saint-Nicolas*. — 49 et 49 bis. Terrain concédé le 8 novembre 1729 à Louis Trimolet, maçon ; acquis en 1730 par le menuisier Charles Vaudier ; maison à l'enseigne du *Rabot d'Or*. — 51 et 53. Terrain concédé le 12 décembre 1727 à François Lécuyer, maçon ; deux auberges à l'enseigne du *Grand Duc de Bourbon* et du *Grand-Écuyer de France*. — 55. Terrain concédé le 22 avril 1726 à Jean-Baptiste Bordier, couvreur. — 57 et 57 bis. Terrain concédé le 20 avril 1726 à Louis Polhaye ; maison achetée par le prince de Condé en 1777. — 59. Terrain concédé le 15 juillet 1729 à Angélique Delamarre, veuve du charron Henri Aubin.

La maison n° 61 termine la liste des concessions faites par le duc de Bourbon entre les Écuries et le Réservoir. L'acte porte la date du 30 mars 1732, mais le terrain avait été concédé effectivement deux ans plus tôt, comme le montre cet ordre signé du duc de Bourbon le 18 avril 1730 : « Leroy (Jacques, inspecteur des Bâtiments) fera faire par le nommé Edme Letellier, dit Aimé, boulanger à Chantilly, dans la place que je luy ay accordée, un avant-corps en saillie de deux pieds d'après le mur de face des nouvelles maisons du côté de la Pelouse, de la longueur convenable pour former un pavillon ; fera exécuter le tout conformément à ce qui est marqué sur l'élévation que j'ay approuvée cedit jour ; fera aussy couvrir la face de ce pavillon du côté de la Pelouse en ardoise ou en tuile, selon ce que je décideray dans le temps ; et attendu l'augmentation des différents ouvrages que ledit Letellier se trouve obligé de faire au pardessus de ce qu'il estoit engagé, Leroy luy fera donner du moilon de dessous la Pelouse autant qu'il en aura besoin pour faire la maçonnerie de son bâtiment sur ladite Pelouse ; et, jointe à cela, luy fera payer par mon trésorier la somme de 300 livres au cas que je voulusse qu'il couvrît cedit pavillon en ardoise (du côté de la Pelouse seulement) ; et si je décide qu'il soit couvert en tuile au lieu d'ardoise, il ne luy fera payer que la somme de 230 livres, et cela après que la charpente du comble sera en place et que le couvreur y travaillera ». C'est l'ardoise qui fut adoptée, et, le 14 septembre 1735, M. Leroy expédia l'ordre de payer le couvreur.

A l'autre extrémité, le pavillon fut construit en 1731-1732 pour le duc de Bourbon, qui en fit un magasin, appelé d'abord « le magasin des marbres et bustes ». Le prince y ménagea quelques logements pour ses employés et y fit adjoindre le bâtiment qui est aujourd'hui le presbytère, dans le but d'encadrer régulièrement « la demi-lune sur la Pelouse ».

Par tout ce qui précède, on a vu que les auberges ne manquaient pas à Chantilly ; il y en avait en outre deux sur la place du Marché, le *Dauphin Royal* (n° 30), et les *Armes de Condé*, ensuite *la Grande-Pinte* (n° 34); puis *l'Épée Royale* (n° 15), le *Cygne* (n° 11), le *Grand-Cerf* (n° 6) et *la Poste* (n° 2). Ce n'était pas trop pour l'armée d'ouvriers qui s'exerçait alors à Chantilly, et qui augmenta dans de notables proportions la population de la nouvelle ville.

*
* *

Le duc de Bourbon mourut le 27 janvier 1740, laissant une situation financière fort obérée. Son fils, Louis-Joseph, prince de Condé, n'avait pas quatre ans ; il eut pour tuteur son oncle le comte de Charolais, qui géra la fortune de l'enfant en administrateur habile, écartant les travaux de luxe, se bornant à l'entretien et aux réparations : le pavillon de la porte Saint-Denis ne fut pas continué, et même les sculptures qui devaient couronner les immenses baies de la cour des Remises ne furent pas exécutées. En rétablissant la fortune de son neveu et en remettant le domaine dans un admirable état, le comte de Charolais préparait une situation qui allait permettre au jeune prince d'avoir les coudées franches pour continuer les traditions artistiques de sa maison.

Le 3 mai 1753, Louis-Joseph de Bourbon épousa Charlotte-Élisabeth-Godefride de Rohan-Soubise, et prit aussitôt possession de Chantilly. En 1756-1757, il fit construire le Jeu-de-Paume derrière la Poste. Puis la guerre de Sept-Ans lui ouvrit une carrière où il se lança avec ardeur ; la campagne de 1762 révéla en lui les qualités guerrières de son illustre aïeul. Quand la paix le rendit à ses foyers, il n'y trouva que le deuil ; la jeune et charmante princesse était morte, lui laissant deux petits enfants, une fille, Louise, et un fils, Louis-Henri-Joseph, qui fut le père du duc d'Enghien et le parrain de M. le duc d'Aumale.

Doué d'une activité prodigieuse, Louis-Joseph de Bourbon ne crut pas que les séjours à la cour, la chasse et les distractions de la campagne suffiraient à remplir sa vie. C'est alors qu'il entreprit la construction du Palais-Bourbon à Paris, menée de front avec les embellissements de Chantilly [1]. Autour du château, il fit construire, outre le Jeu-de-Paume, le bâtiment d'Enghien, le Hameau, qui existent encore, la salle de spectacle (en bas du Jeu-de-Paume) et le temple de Vénus (île d'Amour), qui ont disparu. De ses créations dans la partie du parc aujourd'hui comprise dans la ville, il subsiste la maison de Mme Chapard. Sur cet emplacement du vieux fief de Quinquempoix, le Grand Condé avait établi une faisanderie ; Louis-Joseph la transporta au dessus de la Ménagerie de Vineuil, près de la porte Saint-Louis. L'enclos de l'ancienne faisanderie fut converti en jardin fleuriste, et le vieux pavillon, reconstruit et décoré, prit le nom de « pavillon romain » ; il fut inauguré le 19 juillet 1774 : « Madame la duchesse de Bourbon [2] et sa compagnie ont été à la promenade à pied... et ont fait collation au nouveau pavillon de l'ancienne faisanderie » (*Journal* de Toudouze, lieutenant des chasses de Chantilly). « Le pavillon romain, écrit Dulaure en 1786, est composé de trois pièces ; les deux des extrémités sont elliptiques et ornées chacune d'une niche, dans laquelle est pratiqué un champignon formant trois nappes ; la coquille est portée sur un piédouche soutenu de deux dauphins. Dans la pièce du milieu, le plafond offre un ciel où l'on voit voler des oiseaux ; les murs sont décorés de treillages dorés, peints avec des fleurs et des espaliers dont les fruits imitent parfaitement la nature [3]. On doit placer au centre

---

[1] Voir *Les Arts dans la Maison de Condé*, p. 98 à 142.

[2] Belle-fille du prince de Condé et fille du duc d'Orléans, grand'tante de M. le duc d'Aumale.

[3] Ce salon a conservé sa forme ovale et d'importants fragments de sa décoration.

une baignoire élevée de cinq à six pouces de terre, qui complétera l'allégorie de la grotte de Diane aux bains ».

Le développement de la ville, interrompu par la mort du duc de Bourbon, reçut une nouvelle impulsion à partir de 1769. Le 27 février de cette année, le prince de Condé concède à l'épicier Jean Selbert un terrain sur lequel fut aussitôt édifiée la maison qui porte le n° 18 de la rue du Connétable; Selbert y fit de mauvaises affaires, et la maison fut saisie et vendue en 1772; depuis ce fut toujours une épicerie, où les derniers détenteurs ont retrouvé la malchance du premier. — Le terrain occupé par les maisons voisines (20 et 22) fut concédé le même jour au perruquier Hubert Ransenne, qui fit construire une grande maison dont il vendit la moitié (20), le 3 septembre 1772, à dame Agnès-Jeanne Loubradou de La Perrière, veuve de Jean Peyrard, gruyer de Chantilly. L'autre moitié (22) fut une hôtellerie à l'enseigne du *Grand-Monarque* (aujourd'hui l'hôtel du Château).

Le réservoir actuel de la Pelouse ne représente que le quart (nord-oriental) des deux réservoirs qui existaient alors, établis côte à côte, celui de l'ouest par le Grand Condé, celui de l'est par le duc de Bourbon en 1720. Ils étaient bordés à l'est par une allée d'épicéas [1] qui prolongeait l'allée de la grille Princesse (avenue du Bouteiller), à l'ouest par une autre allée qui, passant sur l'emplacement des maisons 81 et 98 de la rue du Connétable, aboutissait à la tête des Grandes Cascades, au point où l'impasse Souchier atteint la rue des Cascades.

En 1768, le réservoir occidental se trouva en si mauvais état que le prince de Condé recula devant les frais de réparation et décida la suppression de ce réservoir après s'être assuré que l'autre pouvait suffire à la consommation du château, des écuries, des parcs et jardins. Le réservoir oriental fut alors divisé en deux parties; la seconde ne fut supprimée qu'en 1879, lorsque M. le duc d'Aumale établit un château d'eau dans les Grandes Écuries; le réservoir actuel aurait disparu de même si les projets du prince avaient pu s'accomplir.

Le réservoir supprimé en 1768 laissait un espace libre qui fut

---

[1] Ces épicéas furent abattus en 1768 et remplacés par des ormes.

réuni à la Pelouse. La place qui avait été ménagée entre ce réservoir et la grande rue devint sans objet, et le prince de Condé résolut de concéder à des particuliers le terrain qui s'étendait entre la nouvelle avenue à l'est (avenue de Condé) et la première maison du quartier des Fontaines (n° 83), sur une profondeur égale à celle des maisons 23-61. Par acte du 25 août 1769, il cède et délaisse à Pierre Brebant et Marie-Catherine [1], sa sœur, maîtresse de la Poste de Chantilly, « un terrain et emplacement vague situé à Chantilly en la grande rue allant de l'église aux Fontaines, faisant partie de la Pelouse, vis-à-vis la place du réservoir nouvellement supprimé, de la contenance de 24 toises de face sur la rue, à prendre à 12 pieds des arbres nouvellement plantés pour l'avenue qui conduit au réservoir (avenue de Condé), sur 21 toises 2 pieds sur le côté du midi, et 19 toises 4 pieds de large, qui est la même largeur des bâtimens construits de l'autre côté du réservoir, suivant le plan dudit emplacement dressé par M. Leroy, architecte de S. A. S. à Chantilly [2] ; ce bail à cens fait moyennant un sol en argent et huit boisseaux de froment, mesure de Senlis, à six deniers le boisseau, pris du meilleur vendu au marché dudit lieu, de cens annuel, seigneurial et imprescriptible..... ; à la charge par lesdits s[r] et d[elle] Brebant et leurs ayans cause de donner et fournir à S. A. S. ou aux gens préposés de sa part, toutes les fois qu'ils en seront requis, l'usage de trois chambres à coucher, garnies de meubles, douze sur quinze pieds de large en carré, et ce sans pouvoir exiger aucune rétribution ; et seront lesdites chambres, conformément au plan joint et annexé à ces présentes, prises au premier étage du pavillon qui sera construit à cet effet sur l'emplacement précédemment cédé, à l'encoignure dudit terrain donnant sur la rue, par le bout tenant à l'allée du réservoir. Et se soumettent à ne pouvoir élever

---

[1] Marie-Catherine Brebant épousa Louis Delattre, qui devint ainsi maître de la *Poste*, où il fut remplacé en 1785 par Jacques-Louis Chalot.

[2] Fils de Jean Leroy, intendant des bâtiments de Chantilly, inhumé dans l'église le 29 janvier 1755, Jean-François Leroy fut l'architecte de Chantilly jusqu'à sa mort (17 mai 1791) ; c'est lui qui construisit le château d'Enghien et le Hameau. Le petit-fils, Jacques-François-Marie, fut aussi architecte et mourut à Chantilly le 1er janvier 1829.

aucune construction sur ledit terrain que d'après les alignemens qui leur seront donnés par M. Leroy, architecte ».

Le bâtiment fut commencé en 1771 ; mais les Brebant recon-
nurent bientôt « que les dépenses qu'il devoit entrainer étoient
de trop grande conséquence pour eux », et ils arrêtèrent les
travaux. Au mois de mai 1772, ils sollicitèrent le rachat de la
clause de servitude des trois chambres (ce qui leur fut accordé
moyennant le versement d'une somme de 600 livres), afin de
trouver plus facilement un acquéreur du terrain, qu'ils se
voyaient contraints de vendre « pour s'indemniser des dépenses
de fondations, caves et puits ». Ils trouvèrent cet acquéreur en
la personne d'Antoine-Nicolas Pinchon, maître menuisier à
Paris, auquel le prince de Condé venait de vendre le terrain
situé entre celui des Brebant et la maison n° 83. L'acte fut
passé le 7 février 1773 : Pinchon versait 5.400 livres aux Brebant, s'engageait à continuer les bâtiments commencés, et à
payer au prince le cens annuel d'un sol et huit boisseaux de
froment.

Mais Pinchon « fut assigné en déclaration d'hypothèque par
les créanciers des Brebant, ce qui l'obligea au déguerpisse-
ment ». D'où une instance judiciaire qui n'avait pas encore reçu
de solution au mois de juillet 1784. Le régisseur-général de
Chantilly, M. Antheaume de Surval, écrivit alors au Conseil
du prince de Condé pour exposer la situation en même temps
que le mécontentement du maître : « S. A. S. voit avec humeur
que ce terrain n'est point fermé et que les pierres sont parse-
mées çà et là le long de la Pelouse, ce qui dépare entièrement
le côté du réservoir ». A l'automne, l'affaire était terminée, et
Pinchon fut envoyé en possession du terrain, qui lui servit
d'abord de chantier ; il n'y a pas encore de maison construite
en 1791, car le cadastre dressé au printemps de cette année
mentionne, sous le n° 268 : « Veuve Pinchon, chantiers, 55
verges 1 pied 4 pouces ».

Le terrain situé entre le précédent et la première maison du
quartier des Fontaines (n° 83) fut demandé à cens par Barthélemy Duhamel, boucher à Chantilly ; il lui fut accordé le 1er février 1770, mais Duhamel n'accepta pas les conditions imposées.
Un autre amateur, Antoine-Nicolas Pinchon, maître-menuisier

à Paris, se présenta le 12 décembre 1771. Par acte du 25 janvier 1772, le prince de Condé lui vendit « un terrain contenant 433 toises superficielles, tenant du nord à la grande rue sur 21 toises 5 pieds de face, ayant 19 toises 1 pied de long vers la Pelouse, tenant d'orient aux Brebant, d'occident à la maison de la veuve Heurteux (nº 83), moyennant le prix et somme de 5642 livres, à raison de 14 livres la toise, et un cens annuel d'un sol six deniers, à la charge par ledit acquéreur de faire construire ses bâtimens sur l'alignement et en observant la même décoration et la même hauteur des autres bâtimens des particuliers » situés entre l'allée de la grille Princesse (avenue du Bouteiller) et les Écuries. Le mur de clôture sur la Pelouse devait aussi correspondre au mur de clôture desdites maisons.

Nous avons vu que, le 7 février 1773, Pinchon acquit le terrain des Brebant, mais que des oppositions de créanciers retardèrent pendant plus de onze ans l'entrée en possession. Lorsqu'il put entrevoir la solution de l'affaire, Pinchon vendit son propre terrain, le 8 mars 1784, à Denis Moreau, marchand de bois à Chantilly, qui fit aussitôt édifier une maison. Rappelons que ces terrains concédés ne s'avançaient pas jusqu'à la rue d'Aumale, puisqu'ils n'avaient que 37 mètres 38 centimètres de profondeur ; l'entrée des Petits-Chenils, qui faisait face à l'entrée des Chenils des Grandes Écuries, restait dégagée.

Nous relevons une autre concession faite en l'année 1769, celle du terrain qui forme l'angle oriental de la rue de la Machine et du quai de la Canardière, 16 mètres sur la première, 14 mètres en retour sur le second. Le 27 août 1769, le prince de Condé concède à Louis-Antoine Perpette, maçon demeurant aux Fontaines, marié à Marie-Jeanne Leduc, « un terrain situé sous l'allée du pavillon de Manse, tenant d'une part au mur du parc, d'autre part à la rue descendant de la manufacture de porcelaines à ladite allée du pavillon de Manse, d'un bout sur ladite allée, et d'autre par derrière à Jean Cessier, Alexandre Hédouin et Jean Trimolet », moyennant un cens annuel d'un boisseau de froment à six deniers. Le mur du parc limitait à angle droit la propriété Hédouin-Cessier au midi et le terrain Perpette à l'ouest. Entre ce mur et le carrefour du pavillon de Manse, se trouvait un autre terrain triangulaire de 18 toises superficielles ; Louis-Antoine Perpette en obtint la concession le 17 mars 1777, moyennant un cens annuel de 18 sols ; il construisit alors sa maison, qui porte les n°ˢ 67 et 68 sur le cadastre de 1791 : « maison, jardin, 8 verges 4 pieds 9 pouces ».

Revenons dans la rue du Connétable, dont le côté septentrional, entre Quinquempoix et la Manufacture, était encore nu. Par un acte collectif en date du 25 octobre 1771, le prince de Condé concéda les terrains situés au long de la rue depuis le passage des Potagers (emplacement du n° 58) jusqu'à l'allée de la Grille Princesse (avenue du Bouteiller), ainsi que les terrains situés entre l'allée du Réservoir (avenue de Condé) et le voisinage de la Manufacture. L'espace compris entre les avenues de Condé et du Bouteiller, de chaque côté de la rue du Connétable, fut alors réservé en vue de la création d'une place centrale.

Le terrain fut cédé à raison de 8 livres la toise superficielle et d'un minime cens annuel. Les conditions suivantes étaient imposées aux acquéreurs : « Ils feront clore les terrains à leurs frais d'un mur en maçonnerie qui aura neuf pieds de hauteur sous chaperon. Ils ne pourront ouvrir des vues à leurs bâtimens qu'à six pieds de distance du mur de clôture du côté du parc de S. A. S. Ils souffriront les tuyaux ou autres conduits que S. A. S. désirera faire passer par lesdits terrains pour la décharge des eaux du réservoir ou autrement. Il sera loisible aux acquéreurs de faire bâtir sur lesdits terrains, en se conformant pour les matériaux aux bâtimens voisins, ne pouvant les faire couvrir qu'en tuiles ou ardoises. Lesquels murs et bâtimens ne pourront être faits que sur les alignemens qui seront donnés par M. Leroy, architecte de S. A. S. ». Voici la suite de ces concessions, identifiées avec les maisons actuelles de la rue du Connétable.

N° 60. — Terrain de 10 toises de face sur 13 de profondeur, « entre le passage des Potagers appelé le passage de la porte verte (n° 58) et le terrain vendu au sʳ Peyrard », concédé à

Jean-Louis Wauthy, dit Vautier, valet de chambre du prince de Condé, qui fit aussitòt bâtir une maison. Celle-ci, louée, fut une auberge à l'enseigne du *Coq doré*. Elle fut acquise par le prince lorsqu'il voulut établir une maison d'éducation à Chantilly (13 juillet 1784). La « Pension » fut d'abord tenue par M. Pelisson, maitre ès arts, ancien maitre de pension au collège de Navarre à Paris, puis (1786) par M. Le Cavelier. Le prince de Condé y créa quatre bourses, et les pensionnaires furent vêtus à ses couleurs.

N⁰ˢ 62 et 64. — Terrain de 24 toises de face sur 13 de profondeur, entre le terrain de Vautier et « l'emplacement de la chapelle Saint-Germain, tenant par derrière à la partie du parc destinée à faire un verger », concédé à Nicolas-François Peyrard, gruyer des eaux et forêts de Chantilly. M. Peyrard fit construire une grande maison qu'il vendit, le 21 mai 1782, à son gendre Denis Moreau fils, négociant en blondes.

N⁰ 66. — Cette maison occupe l'emplacement de la chapelle Saint-Germain et de la petite cour par laquelle on y entrait. En 1791, la petite cour « tenant ci-devant à la chapelle Saint-Germain » appartient au prince de Condé et mesure 6 pieds superficiels ; « la place de la chapelle Saint-Germain [1] » est à la veuve Jean-Baptiste Marlin et contient 2 verges 6 pieds. Les aliénations révolutionnaires permirent à la veuve Marlin (Marie-Jeanne Albert) d'acquérir la petite cour et de construire une maison qu'elle donna à sa fille Marie-Louise, femme de Jean-Baptiste Échette. Le 12 juin 1773, le prince de Condé avait concédé à Charles Albert, marchand de bois, le terrain situé derrière la chapelle Saint-Germain, 7 toises 5 pieds de long sur 10 toises de profondeur ; le 8 janvier 1785, Charles Albert céda ce terrain à son fils Claude-Charles, marié à Françoise-Marguerite Pinçon ; ceux-ci le vendirent à leur tour à la veuve Marlin, qui le joignit à la maison de son gendre Échette.

---

[1] Le dernier titulaire de la chapelle Saint-Germain fut messire Jean-Joseph Bastid de La Vernhe, prêtre du diocèse de Saint-Flour, aumônier du roi et trésorier de la Sainte-Chapelle de Vincennes. En 1786, il offrit au prince de Condé de lui abandonner la chapelle Saint-Germain, avec autorisation de la faire abattre sous condition de créer un autel de Saint-Germain dans l'église de Chantilly.

Les Marlin et les Albert descendaient de deux Hollandais que le Grand Condé avait ramenés à Chantilly après la campagne de 1673. Au mois de juillet de cette année, en envoyant à Le Nôtre des instructions pour les « cabinets de treillages » à tracer dans le « petit bois » (près de l'île d'Amour), le Grand Condé faisait remarquer « que les Hollandois sont les plus habiles gens du monde pour ces sortes de cabinets ». Les portiques et berceaux sont exécutés en 1674, et la correspondance cite « le nommé de Marne » et les ouvriers hollandais. Ce nommé de Marne ou Marle, qui signe lui-même « Henry de Maerle, hollandois », s'appelait en réalité Hendrick de Marlyne; en 1686, il est dit « commandeur des ouvrages des cabinets de S. A. S. »; en 1689, il est « menuisier et gouverneur de la Machine ». Le 6 janvier 1686, le Grand Condé lui accorda la jouissance, pour vingt années, du moulin de la Couture à Gouvieux. Il mourut le 27 février 1692, âgé de quarante-cinq ans, et fut inhumé dans l'église de Gouvieux. Ses descendants francisèrent le nom, qui devint Marlin.

Hendrick Altbert (Henri Albert) était né à Venloo en 1649. Le 15 juin 1675, il épousa, dans l'église de Saint-Léonard, Jeanne Ternand, qui lui donna un fils l'année suivante. Il est alors « gouverneur des vaisseaux de Leurs Altesses Sérénissimes ». Dans certains actes, il est qualifié « admiral des vaisseaux de S. A. S. », et même « grand-admiral de S. A. S. ». Ses successeurs prirent en surnom le prénom de l'aïeul, Hendrick; on trouve en 1761 « Charles Albert, dit Andricq », marchand de bois à Chantilly.

Nᵒˢ 68 à 70 bis. — Ce Charles Albert acquit du prince de Condé, le 25 octobre 1771, « un terrain contenant 273 toises superficielles, faisant partie du parc de S. A. S., ayant 21 toises sur la rue et 13 toises de profondeur, ensemble le bâtiment occupé par ledit sʳ Albert, étant sur portion dudit terrain; la totalité duquel tient d'un côté par devant sur la rue, d'autre côté à la partie du parc destinée à faire un verger, d'un bout à l'emplacement de la chapelle Saint-Germain, d'autre bout à l'article vendu à François Lecomte, moyennant 3864 livres à raison de 8 livres la toise, 1500 livres pour le bâtiment, et 5 sols 3 deniers de cens annuel ». Ce bâtiment était le logement du portier de la grille Princesse; de 1745 à 1756, on le trouve occupé par « Charles Albert, dit Andrick, portier et tourneur, Marie-Jeanne Guy, sa femme, et leurs trois enfants, Claude-Charles, Marie-Jeanne et Madeleine ».

Charles Albert agrandit la maison, qui en forma deux plus tard. En 1774, elle abrite le propriétaire et sa belle-mère, son fils, tourneur, et son gendre Jean-Baptiste Marlin, maître-maréchal, ainsi que trois locataires. Le fils Albert et son beau-frère Marlin se partagèrent la propriété, et le cadastre de 1791 mentionne deux maisons : « nᵒˢ 33-34, les héritiers Albert, maison, chantier, 14 verges 11 pieds 8 pouces ; nᵒ 35, la veuve Jean-Baptiste Marlin, maison, 5 verges 4 pieds 6 pouces ; cour commune, 17 verges 7 pieds 2 pouces ».

Nᵒˢ 72 et 72 bis. — Terrain de 12 toises 1 pied de face sur la rue et de 13 toises de profondeur, « tenant d'un côté à l'article vendu au sʳ Albert, d'autre côté à la place projetée près la grille Princesse », vendu à François Lecomte, menuisier, qui fit aussitôt construire une maison.

A l'ouest de l'avenue de Condé, les terrains occupés par les maisons 88 à 110 et 120 à 124 furent aussi vendus par le prince de Condé le 25 octobre 1771 ; ceux des maisons 112 à 118 le furent un peu plus tard, de 1773 à 1777. Passons-les rapidement en revue.

Nᵒ 88. — Charles Mô, maçon, 6 toises de face sur rue et 13 toises de profondeur, « tenant à l'allée projetée du bas du réservoir » (avenue de Condé), et par derrière au bois des Cascades.

Nᵒ 90. Jean-Baptiste Bordier, vitrier, 7 toises et demie de face (la profondeur est toujours de 13 toises). — Nᵒ 92. Pierre Bordier, serrurier, 4 toises. — Nᵒ 94. Nicolas Marchal, garçon de la Fourrière, 5 toises. — Nᵒ 96. Claude-Pierre Blampied, garçon des appartements du château, 8 toises. — Nᵒ 98. Pierre Feuillet, pâtissier du prince, 4 toises ; il vendit son terrain, le 8 mars 1772, à son voisin Blampied. — Nᵒˢ 100 et 100 bis. Pierre-François Aillery, marchand, 5 toises. — Nᵒ 102. Louis Duhamel, dessinateur, 5 toises ; il vendit son terrain, le 6 mai 1772, à Pierre-François Mary, boucher à Senlis, qui fit construire la maison ; il la vendit en 1784 à Pierre-Louis Lambert, bourgeois de Chantilly, et celui-ci à Antoine Grandvalet, bonnetier à Paris, le 10 août 1787.

N° 104. — Charles-Alexis-François Vaudier, maître menuisier, 4 toises de face. Il céda son terrain en 1787 à Claude Mortet, contrôleur de la vénerie du prince de Condé. Il n'y a pas encore de maison en 1791, mais on en voit une sur un plan de 1808 : elle appartient alors à M. Paul ; en 1826, elle est à MM. Fleury et Knackfiess.

N°ᵃ 106 à 110. — Jean-François Bourgeois, principal concierge du château de Chantilly, 20 toises de face sur 13 de profondeur. A la suite, Marc Gilquin, bourrelier, 6 toises de face ; ce second terrain, après avoir passé par plusieurs mains, fut acquis par M. Bourgeois en 1790. Ces deux concessions comprenaient donc 318 toises superficielles et présentaient une face sur rue de 26 toises ou 50 mètres. Ce total s'augmenta, sur le derrière, d'un autre terrain « irrégulier et inculte » d'une superficie de 137 toises, concédé à M. Bourgeois le 27 juillet 1773. Et le cadastre de 1791 mentionne, sous le n° 55, « Jean-François Bourgeois, maison, jardin, 53 verges ».

En 1792, M. Bourgeois rejoignit son maître à l'étranger. Ses biens, séquestrés, puis confisqués, furent mis en vente comme ceux du prince. Sa propriété de Chantilly fut divisée en trois lots, et l'adjudication eut lieu au district de Senlis le 11 mai 1794. Le lot occidental, comprenant la maison, fut adjugé au citoyen Rousseau, auquel succéda M. Devaux (n° 110). Les deux autres lots, après diverses vicissitudes, se trouvèrent réunis dans les mains de M. Patin, notaire à Chantilly, propriétaire de la maison n° 83, puis (1826), dans celles de son fils, notaire à Creil : « Un terrain vis-à-vis la maison n° 116 (83 actuel), dans lequel il existe un puits commun avec M. Devaux, clos de toutes parts par des murs et par une petite grille, planté en partie, tenant d'un côté à M. Fleury et à M. Knackfiess, d'autre côté à M. Devaux, par devant à la grande rue, et par derrière à la ruelle des Cascades allant à la Machine ». C'est sur ce terrain que furent édifiées plus tard les maisons 106 et 108.

Le terrain couvert par les maisons 112 à 118 fut longtemps occupé par un chantier que le duc de Bourbon, dans sa fièvre de construction, avait fait établir pour le travail des bois de charpente Après 1770, ce chantier n'étant plus utilisé, le prince de Condé vendit le terrain en plusieurs lots, à raison de 6 livres la toise, et aux conditions mentionnées dans les actes du 25 octobre 1771.

N° 112. — 12 juin 1773, à François Rimbert, marchand de bois, « un terrain de 312 toises superficielles faisant partie de l'ancien chantier, présentant 13 toises de face sur la rue et 24 toises de profondeur ». Rimbert fit construire une maison qui fut acquise après sa mort par Jean Moreau, bourgeois de Paris (1er août 1781).

N° 114. — 9 septembre 1776, à Jean-Baptiste Monnaye, marchand à Chantilly, un terrain de 6 toises et demie de face sur 24 de profondeur. La maison fut édifiée peu après ; elle appartient encore à Monnaye en 1791, au citoyen Picque en 1795.

N° 116. — 10 mars 1777, à Jean-Pierre Chevau, maréchal dans l'équipage de S. A. S., un terrain de 304 toises, présentant 12 toises 4 pieds de face sur la rue.

N° 118 — Le 23 septembre 1776, le prince de Condé vendit au menuisier François Lecomte le reste de l'ancien chantier, soit 288 toises superficielles présentant 12 toises de face sur la rue, « à la charge de faire construire en dedans trois ans une maison sur la rue de Chantilly dans toute la longueur dudit terrain et sur l'alignement des autres maisons déjà construites pour l'uniformité et décoration de la rue ». En 1791, la maison appartient à Louis-Pierre Duquesnoy.

Les maisons 122 et 124 couvrent un terrain concédé par le prince de Condé, le 25 octobre 1771, à Jacques-Claude Cardin, peintre à Paris : « Un terrain contenant 647 toises en superficie, faisant partie du parc de S. A. S , lequel terrain est en partie fermé de murs et tient d'un côté aux bâtimens et mur de la manufacture de porcelaines, d'autre côté en hache au chantier de S. A. S., d'un bout à la carrière de la Machine, d'autre bout sur la rue de Chantilly, lequel bout a de face 28 toises, moyennant 4610 livres, dont 2912 pour les 364 toises sur le devant de la rue à raison de 8 livres la toise, et 1698 livres pour les 283 toises sur le derrière à raison de 6 livres la toise, et 7 sols de cens annuel ».

Le 7 avril 1777, Cardin vendit la partie orientale de son terrain, 10 toises de face sur 13 de profondeur, à Nicolas Demoncy, charron à Chantilly, qui construisit une maison. Le reste du terrain fut vendu, le 28 février 1780, à Blaise Laugier, épicier à Paris, qui édifia aussi un immeuble. Le 25 mars 1785, Laugier vendit à Nicolas Demoncy « une maison consistant en plusieurs bâtimens, cour, jardin, puits, lieux en dépendant, tenant d'un côté audit acquéreur à cause de ses maison et jardin qu'il a construits sur un terrain qu'il a acquis dudit s^r Cardin, d'autre côté aux bâtimens et mur de la manufacture de porcelaines..., moyennant le prix de 12.000 livres ». Et le cadastre de 1791 mentionne, sous les n°s 60 à 62 : « Nicolas Demoncy, maison, cour, jardin, 83 verges 7 pieds 10 pouces ».

Les dernières maisons de la rue du Connétable représentent des dépendances de l'ancienne manufacture de porcelaines. Cette rue fut donc entièrement constituée par les soins du prince de Condé ; il avait réservé le terrain situé devant le Réservoir, avec l'intention d'en faire une place centrale ; nous le retrouverons tout à l'heure.

*
* *

Entre la route de Creil et la rue des Fontaines, les maisons de l'allée du pavillon de Manse (quai de la Canardière) avaient été bâties sur des terrains vendus par les administrateurs de l'hôpital à Laurent Bulidon et à Étienne Collant en 1728-1729, et, à la suite, par le duc de Bourbon au maçon Jean Poulet le 6 avril 1720. Le 2 décembre 1722, Jean Poulet avait vendu le coin occidental de son terrain, qui s'arrêtait à 32 mètres en deçà de l'angle de la rue des Fontaines actuelle, à Jean-François Lhuillier, dit Berry, et à Marie-Anne Delaître, sa femme, qui firent aussitôt bâtir une maison. Après 1761, cette maison fut divisée en deux, l'une appartenant à Jean-Claude Feuillet, frotteur au château, mari de Françoise Lhuillier, l'autre à Charles Perpette, charpentier, fils et héritier d'Élisabeth Lhuillier. L'espace restant entre la maison Perpette et l'aboutissement actuel de la rue des Fontaines sur le quai formait un terrain triangulaire de 32 mètres sur le quai et 24 mètres sur la rue C'était une friche faisant partie de la place ou carrefour de la Grande Fontaine, et ladite grande fontaine, qui avait donné son nom au vieux hameau, se trouvait au bas de ce triangle. Le 9 septembre 1776, le prince de Condé en vendit à Charles Perpette 60 toises superficielles, présentant 5 toises ou 9 m. 75 c. sur l'allée à la suite de la maison. En 1786, il fit aveugler la grande fontaine et combler le canal de décharge. Enfin, le 1er mai 1787, il concéda le reste du triangle à Charles Perpette. Sur ce terrain se trouve aujourd'hui la maison Panneton-Potain, bâtie au milieu du xixe siècle.

De l'autre côté de la rue des Fontaines, le carrefour était plus vaste. La rue des Basses-Fontaines, qui partait du même point que la rue du Viaduc, mais en s'infléchissant vers la Canardière, était accompagnée de quelques maisons et bordait le carrefour. La Grande Fontaine se déversait dans un long canal de décharge qui suivait parallèlement le canal de Manse, et dont le bord inférieur était un peu en retrait de l'alignement des maisons du quai. Le 28 novembre 1781, le prince de Condé vendit à Jacques Berthault, entrepreneur de bâtiments demeurant à Paris, fils d'un maçon de Chantilly, « un terrain inculte de 22 verges 6 pieds au lieu dit la Grande Fontaine, tenant du nord à la chaussée du canal de décharge de la grande fontaine, du midi au terrain de Marie-Anne Perpette, veuve de François Hédouin, et de Louis et Philippe Perpette, ainsi qu'à la rue conduisant à la Canardière (rue des Basses-Fontaines), d'orient à la rue conduisant au chemin de Gouvieux (rue des Fontaines), et d'occident en pointe vers la barrière d'entrée de la Canardière ». Et Berthault fit bâtir une grande maison sur la rue des Fontaines (un peu au dessous de la rue du Viaduc).

Lorsque le prince fit supprimer la grande fontaine et combler le canal de décharge, M. Berthault lui demanda le terrain situé au dessous de sa propriété ; ce terrain contenait 645 toises superficielles, dont la limite inférieure était à l'alignement des maisons du quai. La concession fut accordée le 9 juin 1786, moyennant un cens annuel de 20 sols ; et ce terrain fut l'amorce d'un superbe jardin anglais qui subsista jusqu'au milieu du xixe siècle.

De 1792 à 1822, le fils et le petit-fils de M. Berthault, architectes, achetèrent toutes les maisons qui bordaient la vieille rue des Basses-Fontaines, nommée alors le cul-de-sac Berthault. Ils abattirent les maisons et supprimèrent la rue. Ils acquirent aussi tout le terrain jusqu'à la route de Gouvieux, et se constituèrent une splendide propriété qui s'avançait à l'ouest sur le terroir de Gouvieux : de ce côté elle s'était agrandie de terres et bois confisqués sur le prince de Condé émigré, vendus en l'an II et en l'an III. C'est aussi une aliénation révolutionnaire qui rompit l'alignement du quai, ménagé avec tant de soin par le prince de Condé : le 27 septembre 1794, Jacques-Antoine Berthault se fit adjuger « un arpent deux perches de friche et pâture au canton dit les Fontaines ou la Canardière, faisant le restant d'une chaussée, tenant du midi à trois pieds du mur de l'enclos du citoyen Berthault, du nord au canal de Manse, d'orient à l'alignement du mur dudit Berthault, et d'occident au surplus de ladite chaussée compris pour la commune de Gouvieux ».

En 1834, la propriété Berthault se composait, outre les bâtiments, d'un jardin anglais de 7 hectares 10 ares, continué par 22 hectares 56 ares de belles prairies, bouquets de bois, lac, terres labourables et tourbières. La propriété fut alors acquise par M. Jean-Baptiste Wahast, qui la vendit plus tard à M. Charlot, et celui-ci la mit en lotissement vers 1857, époque de la création du chemin de fer. Toutes les propriétés qui se trouvent entre la Canardière et la rue de Gouvieux, la rue des Fontaines et la voie ferrée (pour nous en tenir au territoire de Chantilly), proviennent donc du démembrement de la propriété Berthault, dont le noyau d'origine fut le carrefour de la Grande-Fontaine, concédé par le prince de Condé en 1781 et 1786.

*
* *

J'ai conté ailleurs [1] comment, de 1781 à 1786, le prince Louis-Joseph augmenta les bâtiments et les jardins de l'hôpital, qui prirent alors leur étendue actuelle ; le cimetière Saint-Laurent se trouva enclavé dans les jardins de l'hôpital, qui l'entouraient sur trois côtés. Les terrains qui servirent à cet agrandissement

---

[1] *Historique des édifices du culte à Chantilly ;* Senlis, Dufresne, 1902, p. 60.

furent acquis en 1786, mais les actes ne furent passés que le 11 janvier 1789 entre les administrateurs de l'hôpital d'une part, et, d'autre part, Marie-Anne Pain, veuve d'Alexandre Hédouin, maçon, et ses enfants Jean-Alexandre et Alexandre, aussi maçons, Elisabeth, femme de Joseph Morin, dit l'Angevin, charpentier, Marie-Marguerite, mariée à Louis Boquet, garde-bosquets, Marie-Catherine et Louis, mineurs ; Claude Mortet, veuf de Julie-Caroline Vaudier ; Jeanne Bulidon, veuve d'Henri Béarel, garde-chasse ; Antoine Richette, charpentier à Beaumont. Le père de Richette avait acquis de Claude Maignan, le 18 février 1748, « une pièce de terre contenant 52 verges et demie, tenant d'un côté au mur du cimetière, d'autre (occident) à la veuve Alix, dite Saint-Leu, d'un bout (nord) à Claude Poulet, d'autre bout au grand chemin de Chantilly à Gouvieux ». Le prince de Condé acquit cette pièce de Richette à la fin de 1776, lorsqu'il voulut prolonger jusqu'aux Fontaines l'allée bordée d'arbres qui venait en droite ligne du pavillon sud-occidental des Écuries. Il donna le reste de la pièce, à gauche et à droite, à l'hôpital de Chantilly. Puis il délimita la place et créa la rue Saint-Laurent.

En octobre 1776, Pierre-Martin Frigault, brigadier des chasses, demanda au prince, à titre de cens, « une portion de terrain en friche contenant 220 toises et demie de superficie, située au bout de la Pelouse, tenant du midi au chemin de Chantilly à Gouvieux, du nord à l'allée projetée pour faire face au pavillon de la Grande Écurie du côté du Chenil, d'occident au sr Richette, d'orient à la partie de la friche qui restera à S. A. S. », c'est-à-dire à la place Maurice Versepuy. La concession fut accordée le 27 novembre 1776 à la charge d'un cens annuel, perpétuel, seigneurial et imprescriptible de 22 sous, pour la sûreté duquel le preneur s'obligeait à édifier un bâtiment « solide et manable ». Le terrain mesurait 8 toises de face sur la place, entre la route et l'allée, 21 toises au long de l'allée, un peu plus au long de la route. Le côté occidental était aligné sur le mur du cimetière à droite, et, à gauche, sur le bord oriental de la ruelle Briolat. La face du terrain vers Chantilly était à l'alignement du mur oriental du cimetière, et, de l'autre côté, du bord occidental de la future rue Saint-Laurent. Cette propriété Frigault appartint en dernier lieu à M. Henri Gibson.

Après la maison de Pierre-Martin Frigault, se trouvait la partie méridionale du terrain Richette, acquis par le prince de Condé en 1776 et par lui donné (sauf le tracé de l'allée) à l'hôpital de Chantilly. En 1788, les administrateurs de cet établissement vendirent cette partie de terrain à François Guyard; en 1791, c'est le « jardin Guyard », d'une contenance de 14 verges 3 pieds. Le terrain fut bâti au xix⁰ siècle, avec porte cochère en face de la ruelle Briolat.

A la suite, se développe l'ancienne propriété Alix, dont la maison avait été bâtie sur des terrains vendus par Louis Maignan à Jacques Alix en 1727 et 1728. La propriété se divisa après 1774, et de nouvelles maisons s'élevèrent en bordure de la route de Gouvieux. En 1791, on rencontre, après le jardin Guyard, les maisons de Claude Frigault, de Claude-Marcel Alix et de Beaucerf. L'espace compris entre la maison de Beaucerf et la rue des Fontaines fut rempli au xixᵉ siècle par une grande maison. Quant au château Gaillard, situé au bout de l'allée Versepuy, il fut acquis en 1789 par Marc Gilquin, marchand de vin, avec deux petits jardins y attenant, dont l'un « faisant face au réservoir de Chantilly et attenant le pignon de la maison », le tout contenant 18 verges 10 pieds.

Sur le côté sud de la route de Gouvieux, presque en face et un peu à l'ouest du point où débouche la rue des Fontaines, un plan de 1789 montre une grande maison appartenant à la veuve de François Moreau, maçon et entrepreneur de bâtiments. Moreau l'avait édifiée vers 1760 sur un arpent de terre « tenant d'occident aux Méry, d'orient au sʳ Briolat, d'un bout (nord) sur le chemin de Gouvieux, d'autre bout au sʳ Quénescourt ». En 1791, la maison et le jardin occupent 37 verges 15 pieds, les terres 68 verges.

L'espace compris entre la propriété Moreau et la ruelle Briolat avait appartenu, au milieu du xviiᵉ siècle, à Jean Chevalier. Il y avait là deux arpents qui furent divisés, en 1654, entre Marie-Anne et Françoise Chevalier. Les enfants de Marie-Anne, Jacques et Marie-Anne Pannier, vendirent leur arpent, le 30 avril 1748, à Pierre Briolat, qui acquit l'autre arpent, le

23 mars 1749, de son frère utérin Michel, fils de Françoise Chevalier ; 40 verges furent mises en vignes. Le 20 août 1755, Briolat vendit un morceau de 16 mètres sur rue, touchant à la propriété Moreau, à Gabriel Doucet, boucher, qui fit construire une maison. Cette boucherie appartint ensuite à Antoine Mary, puis (1788) à Étienne Mauny.

Le 20 août 1761, Pierre Briolat, maître perruquier à Chantilly, déclara posséder « 190 verges de terre faisant partie de deux arpens (le surplus vendu à Gabriel Doucet), sur lequel terrain il a fait construire une maison, cour, jardin planté en vigne et arbres, enclos de murs, le surplus étant en terres labourables, le tout situé aux Fontaines de Chantilly, tenant d'un côté (orient) à S A. S Monseigneur le Prince, par angle à la route du bois Bourillon qui va à Gouvieux, d'autre côté (occident) au s^r François Moreau, d'un bout (nord) au chemin de Chantilly à Gouvieux, par hache au s^r Gabriel Doucet, d'autre bout (midi) au s^r Étienne Quénescourt ». En 1791, la maison et le jardin contiennent 64 verges 13 pieds 6 pouces, les terres 1 arpent 28 verges 15 pieds. La « ruelle Briolat » séparait cette propriété des terres et friches appartenant au prince de Condé.

* *
*

L'espace compris entre la ruelle Briolat et la route de Paris contenait 5 arpents 40 verges, au sud de la rue de Gouvieux ; c'était la seule partie intacte des terres de Normandie acquises en 1730 par le duc de Bourbon, le reste ayant été dégradé par l'extraction du sable nécessaire à la construction des nouveaux bâtiments de Chantilly. Le 9 août 1738, le duc de Bourbon autorisa la location de cette pièce, « située vis-à-vis le cimetière de l'hôpital près le bois Bourillon », en faveur d'un de ses garde-chasses, Florent Vanmerle, moyennant 6 livres 17 sols par an. En 1764, l'acensement de ce terrain fut demandé par le s^r Trémolet, chirurgien à Luzarches ; outre que ses offres étaient médiocres, on objecta « qu'il y auroit de l'inconvénient à laisser trop multiplier les maisons à Chantilly, où il y en a plus qu'il ne faut pour loger tous les habitans qui s'y sont fixés ; qu'ainsi de nouveaux bâtimens pourroient d'une part faire tomber les loyers des anciennes maisons, et de l'autre nuire aux franchises de ce lieu, qu'on cherche à attaquer depuis longtemps » [1].

La question revint sur le tapis en 1772. En cette année, « le s[r] Pigeaux, fermier, meunier, conseiller du roi élu en l'élection de Clermont, demeurant à Sailleville, demande à acheter à nouveau cens un terrain inculte situé le long du grand chemin de Chantilly à La Morlaye, tenant d'orient au grand chemin, d'occident au bâtiment et jardin du s[r] Briolat, d'un bout du nord aux friches vis-à-vis le jardin de l'hôpital (place Maurice Versepuy', d'autre bout du midi aux friches et à l'allée et carrefour nouvellement planté, le tout contenant 5 arpens 17 verges 13 pieds, pour faire construire un bâtiment sur la face du grand chemin, lequel sera bâti à neuf pieds de distance des jeunes arbres nouvellement plantés le long du grand chemin ».

L'administrateur-général du prince de Condé, M. Michel, demanda l'avis de l'architecte, M. Leroy, qui répondit par une note datée de Chantilly le 19 août 1772 : « Ce terrain a été demandé il y a quelques années par différents particuliers : on a objecté dans ce temps que des environs du château et sur la Pelouse la vue de la plaine seroit masquée par les maisons que l'on y construiroit. En laissant ces objections d'école, j'estime que ce terrain, vu sa position sur le grand chemin, doit valoir 1500 livres l'arpent ». Et M. Antheaume, régisseur-général de Chantilly, ajouta : « Les bâtimens que l'on construira sur le terrain demandé masqueront en partie la vue de la plaine, mais S. A. S. peut aplanir toutes difficultés en permettant les constructions. Cela posé, il ne s'agit plus que du prix du terrain, fixé par M. Leroy à 1500 livres l'arpent ; je le trouve très avantageux ; il n'y a pas à balancer ; je pense qu'il convient de terminer promptement si M. Pigeaux y consent ». Je ne sais si M. Pigeaux se déroba ou si le refus vint du prince ; mais le fait est que l'affaire n'eut pas de suite.

D'autres demandes se produisirent au cours des années suivantes, et le prince y fit bon accueil. Cependant il ne voulut concéder tout d'abord que le terrain compris entre la ruelle

---

[1] Je parlerai des franchises de Chantilly dans la troisième partie de cette étude, qui aura pour titre : *La Vie et l'Administration au XVIIIe siècle.*

Briolat et « l'alignement du mur du cimetière de l'hôpital »,
c'est-à-dire le bord occidental de la rue Saint-Laurent actuelle,
qui fut alors créée. Les cinq premières concessions furent
accordées le 23 septembre 1776 et comprirent une longueur de
38 toises sur la nouvelle rue, à partir de la route de Gouvieux,
sur une profondeur égale de 24 toises délimitée par la ruelle
Briolat. Les preneurs s'engageaient à payer un cens annuel et
à bâtir des maisons ; en voici la liste : 1° Joseph Morin, dit
l'Angevin, charpentier, 10 toises de face (n° 2 de la rue Saint-
Laurent) ; 2° Marin Dourlin, maçon, 7 toises (n° 4) ; 3° Jean-
Baptiste Longignard, tourneur à la manufacture de porcelaines, 7 toises (n° 6) ; 4° Éloi Longignard, frère du précédent,
cocher à Courteuil, 7 toises ; il vendit son terrain, le 17 juin
1783, à André-Léonard Herbet, marchand de pain d'épice à
Chantilly, qui fit construire la maison (n° 8) ; 5° Alexandre Perpette, charpentier à Chantilly, 7 toises ; la maison est possédée
en 1791 par Philippe Perpette fils.

Avant la fin de l'année 1776, un espace de 23 toises à la suite
des concessions précédentes était acensé à d'autres particuliers : 6° le 27 novembre 1776, à Étienne Quénescourt, marchand à Chantilly, 6 toises ; 7° le 29 novembre, à Louis-Georges
Aubry, valet de pied de la duchesse de Bourbon, 8 toises
3 pieds ; Aubry construisit aussitôt une petite maison et vendit
sa propriété, le 9 octobre 1778, à André-Joseph Antheaume de
Surval, régisseur-général de Chantilly et procureur-fiscal-
général de la châtellenie, au prix de 1.500 livres ; le 20 avril
1779, M. Antheaume céda son acquisition, moyennant 2.400
livres, à Nicolas-Philippe Morin, épicier à Paris, marié à
demoiselle Anne-Victoire de La Faye de Joyenval ; 8° le 29 novembre 1776, à Charles-Victor Aubry, porte-arquebuse du
prince de Condé, 8 toises 3 pieds ; la maison n'était pas encore
construite en 1791.

Ces huit concessions sont accordées à titre gratuit, à la
charge d'un cens annuel de 15 à 20 sous. Le total du terrain
concédé occupe donc 61 toises de face ou 119 mètres sur le côté
occidental de la rue Saint-Laurent en partant de la rue de
Gouvieux.

Quelques années plus tard, le prince de Condé autorisa l'aliénation du terrain compris entre la rue Saint-Laurent et la route de Paris, moins la pointe, qui resta en friche. Les actes de concession furent passés le 17 mars 1782. Une largeur de 7 toises fut ménagée pour former la rue Saint-Laurent. Sur la route de Paris, la bordure des terrains concédés était fixée à 12 pieds des arbres. Les preneurs s'obligent à mettre incessamment les terrains en valeur et à les clore de murs en maçonnerie ; il leur est loisible de faire construire tels bâtiments que bon leur semblera, couverts en tuiles ou ardoises. Le prix de vente est minime, 30 sols la toise superficielle ; il s'y ajoute un léger cens de 3 à 5 sols. Examinons ces concessions en partant de la rue de Gouvieux.

L'angle oriental de la rue Saint-Laurent et de la rue de Gouvieux fut concédé à Joseph Morin, dit l'Angevin, charpentier, qui déjà possédait, depuis 1776, l'angle occidental, où il n'avait pas encore fait construire. Joseph Morin édifia une maison avec face sur la rue de Gouvieux (n°ˢ 7 et 9).

Rue de Gouvieux, n°ˢ 3 et 5, et avenue de la Gare, n°ˢ 2 et 4. — Terrain de 432 toises et demie, présentant 40 toises sur la rue de Gouvieux et 24 toises sur l'avenue de la Gare, concédé à Jean Vignon, aubergiste à Vineuil, qui fit aussitôt construire une hôtellerie à l'enseigne du *Roi d'Angleterre*, avec une porte cochère sur chaque rue. Il la vendit en 1787 à Charles-Pierre Berton, libraire à Paris. — Le n° 4 de l'avenue de la Gare représente un espace vendu par Jean Vignon, dès le 28 juin 1783, à Louis Borniche, marchand farinier à Chantilly : « Un terrain ayant 40 pieds de face sur le grand chemin de Chantilly à Paris, et 10 toises 5 pieds de profondeur en allant en pointe dans le fond de la cour de la maison du vendeur, ce qui le réduit à 2 toises de largeur ; plus la maison que le vendeur a fait élever sur ledit terrain jusqu'au deuxième étage, compris le rez-de-chaussée, les deux planchers de solives, et la ferme pour le grenier, sans semelle ». Borniche céda son acquisition, en 1787, à Jean-Charles Carpentier, menuisier à Chantilly.

Avenue de la Gare, n° 6. — Terrain de 386 toises superficielles, ayant 12 toises de face, concédé à Louis-Pierre Bruiet, économe de la ménagerie de la duchesse de Liancourt, demeurant à Liancourt. Bruiet fit construire une maison qu'il vendit à M. Berton le 27 décembre 1785.

N° 8 — Terrain de 257 toises superficielles et 8 toises de face, concédé à Jean-Baptiste Huet, aubergiste à Chantilly, qui le vendit, non bâti, à Firmin Prez en 1789.

N° 10. — Terrain de 333 toises superficielles et 9 toises de face, aboutissant à la rue Saint-Laurent, concédé à François Guiard, concierge du château de Baillon. En 1789, Guiard vendit la plus grande partie de son terrain (ne gardant qu'un morceau sur la rue Saint-Laurent) à Firmin Prez, qui fit édifier une grande maison : ce fut l'hôtel du *Grand Condé*.

N° 12. — Terrain de 234 toises et demie, présentant 7 toises de face, concédé à Pierre Blanchet, maçon à Chantilly, qui édifia une maison.

N° 14. — Terrain de 227 toises un tiers, présentant 6 toises 5 pieds de face, concédé à Nicolas-François Rimbert, maçon à Chantilly, qui édifia une maison.

N° 16. — Cette maison fut construite en 1790 sur une étroite bande du terrain de Rimbert, par lui vendue à Pierre-Michel Allouel, chirurgien du prince de Condé.

A la suite, un terrain de 217 toises et demie, présentant une face de 9 toises 3 pieds 9 pouces, et aboutissant à la rue Saint-Laurent, fut concédé à Nicolas-Philippe Morin, épicier à Paris, à qui le prince avait déjà donné, en 1776, le terrain situé en face, de l'autre côté de la rue Saint-Laurent, et sur lequel Morin avait fait construire une maison. Ce nouveau terrain fut converti en jardin et ne reçut jamais de constructions ; il appartient à M. le baron Gustave de Rothschild, qui possède aussi, de l'autre côté de la rue, les concessions faites en 1776 à Morin et à Aubry.

N° 18. — Terrain de 182 toises, ayant 9 toises de face et aboutissant à la rue Saint-Laurent, concédé à Charles-Victor Aubry, maître armurier du prince de Condé, qui le convertit en jardin, en face de la maison qu'il possédait depuis 1776 de l'autre côté de la rue Saint-Laurent. Ce terrain forme aujourd'hui la moitié de la propriété au centre de laquelle une maison bourgeoise a été bâtie au XIX° siècle (propriété Lecerf, n° 18). La moitié méridionale de cette propriété, les terrains sur lesquels ont été bâties plus tard les maisons 20 et 22 (propriété Barbier), la pointe jusqu'à la jonction des rues, et, de l'autre côté de la rue Saint-Laurent, toute la partie correspondante (propriété Salverte), composaient le reste de la grande friche, et le prince de Condé n'en voulut pas concéder davantage afin de conserver la perspective de la plaine; en voici une preuve.

Au printemps de 1784, le prince reçut la requête suivante : « Antoine-Remy Liebe, employé au Bureau des Oppositions au Sceau de la Grande Chancellerie de France depuis environ vingt ans et né à Amiens en 1743, attiré par la beauté de Chantilly et désirant s'y retirer pour goûter les douceurs du repos, prend la liberté d'implorer la bienveillance de S. A. S. pour en obtenir une portion de terrain située sur la grande route de Paris, en face de la Pelouse, pour y faire bâtir une petite maison bourgeoise et avoir un petit jardin, en se soumettant au cens et en prenant l'alignement qui lui sera ordonné. Ce terrain est composé de 12 toises de face sur la grande route et de même largeur sur la rue (Saint-Laurent) qui s'étend derrière les terrains concédés ; il tient d'un côté à celui du s[r] Aubry, arquebusier de S. A. S. (ou à une rue projetée) sur environ 20 toises de profondeur, et de l'autre côté, sur environ 18 toises, aux terrains restant à concéder ».

L'administrateur-général du prince de Condé, **M. Lambert**, après avoir demandé au régisseur Antheaume et à l'architecte Leroy un mémoire et un plan, soumit la demande au prince de Condé, qui refusa son assentiment. M. Liebe revint à la charge au printemps de 1785 ; le prince resta irréductible, et comme il avait alors décidé l'aliénation de la place ménagée devant le Réservoir, M. Liebe reçut l'offre de soumissionner pour une partie de ce terrain ; il déclina l'offre par lettre du 15 avril 1785.

Rentrons dans la rue Saint-Laurent, dont nous suivrons le côté oriental en nous dirigeant vers la rue de Gouvieux. Après les terrains concédés à Aubry et à Morin, se trouvait un espace de 132 toises et demie superficielles, « tenant d'un bout, sur la face, sur la nouvelle rue (Saint-Laurent), d'autre bout en pointe au terrain vendu au s[r] Rimbert... ». Le prince de Condé en fit don, le 9 mars 1783, à son chirurgien ordinaire, Pierre-Michel Allouel, docteur en médecine, chirurgien-major de l'hôpital de

Chantilly, qui habitait la maison portant aujourd'hui le n° 5 de la rue du Connétable.

Le terrain cédé à M. Allouel ne communiquait donc pas avec la route de Parls, et s'ouvrait largement sur la rue Saint-Laurent. Face à cette rue, M. Allouel fit construire une maison au fond de son terrain, à l'endroit rétréci où il joignait celui de Rimbert. Derrière la maison, le prolongement idéal des deux côtés du terrain d'Allouel formait un triangle qui prenait le bord méridional du terrain de Rimbert et aboutissait en pointe sur la route de Paris. Rimbert vendit cette pointe, en 1790, à M. Allouel, qui fit aussitôt construire une maison étroite, longue en profondeur : n° 16 de l'avenue de la Gare. M. Allouel ne garda pas longtemps son bien, car les événements le forcèrent de fuir Chantilly le 15 août 1792, et il rejoignit son maître à l'étranger avec MM. Antheaume et Bourgeois. Poète et lettré, il a laissé quelques opuscules, dont un fort curieux, en vers latins, intitulé *Observationes medico-chirurgicæ*, publié à Londres en 1823 [1].

Rimbert vendit la partie de son jardin donnant sur la rue Saint-Laurent; on y trouve, en 1791, une petite maison avec cour appartenant à Jacques Cronier. Pierre Blanchet fit de même; il céda un coin de son terrain au s[r] Duchâtel, qui édifia une maison près de celle de Cronier, et vendit le reste à François Guiard, qui le réunit à la partie de son propre terrain que lui même s'était réservée en cédant son lot à Firmin Prez. François Guyard fit construire une maison au fond du jardin, face à la rue Saint-Laurent; son voisin de droite était Joseph Morin, dont la maison regardait la rue de Gouvieux.

A la fin de 1785, la largeur de la rue Saint-Laurent, qui avait été ménagée à 7 toises, fut ramenée à 30 pieds, c'est-à-dire à 10 mètres au lieu de 13 m. 65, « la rue s'étant trouvée trop large relativement à la décoration du nouveau bâtiment de

---

[1] Resté en Angleterre après le retour du prince de Condé en France, M. Allouel se fixa à Wimbledon. Le prince lui accorda une pension de 1.200 francs à dater du 1er novembre 1815. M. Allouel mourut en 1825, et sa femme en 1826; leur fils était alors sous-chef de bureau au Ministère de la Marine à Paris.

l'hôpital qui y fait face ». Joseph Morin, Guiard, Blanchet, Rimbert, Allouel, Nicolas-Philippe Morin et Aubry reçurent en pur don l'espace produit par le rétrécissement de la rue, à condition de « transporter leur mur sur l'alignement ».

En face du bois Bourillon, entre la rue de l'Embarcadère (vieux chemin de Senlis à Gouvieux) et l'accès de la gare, s'étendait un terrain qui avait autrefois fait partie des terres de Quinquempoix et qui appartenait depuis le XVIIe siècle au seigneur de Chantilly. Il est mentionné dans un mémoire rédigé en 1740 par Sigismond de Sarrobert, capitaine des chasses : « Il y a une pièce de terre que l'on appelle la pièce de 6 arpens du bois Bourillon, qui appartient d'ancienneté à S. A. S. et qui a été comprise dans les anciens baux. Elle est à la pointe du bois, entre le grand chemin de La Morlaye et les bois des particuliers, à la pointe de l'allée de la Pelouse ». Le 5 juin 1782, le prince de Condé en fit l'abandon à son gruyer garde-marteau : « Un terrain vague et inculte au terroir de Chantilly, à l'entrée de la plaine des Aigles, lieu dit et près le bois Bourillon, contenant 5 arpens 27 verges 11 pieds, tenant du nord au chemin de Gouvieux (rue de l'Embarcadère), du midi à une friche et bois appartenant à S. A. S., et encore du midi par hache audit M. Peyrard, d'orient à six pieds de l'allée d'arbres du grand chemin pavé de Paris à Chantilly, et d'occident par coude audit M. Peyrard », moyennant un cens annuel de 5 livres 10 sous, pour la sûreté duquel M. Peyrard s'obligeait à mettre le terrain en culture ou en bois : il le mit en bois. A l'ouest et au midi, M. Peyrard possédait déjà quelques arpents de bois qu'il avait acquis de Claude Moreau le 21 mai et le 25 août 1764.

M. Peyrard mourut le 16 avril 1791 ; sa fille, Charlotte-Adélaïde, était mariée à Louis-Denis Moreau, marchand de dentelles à Chantilly. Il laissait une veuve, épousée en secondes noces, Marie-Élisabeth Barengue, qui se remaria avec Jean-Dominique Marquis. Le bois qui nous occupe fut abandonné à Mme Marquis pour la remplir de ses reprises dans la succession

de son premier mari ; elle le vendit, le 6 août 1806, à Jean-François Duchaufour, avoué à Senlis. Le cadastre de 1811 mentionne un bois de 9 arpents 64 perches ou 3 hectares 29 ares
95 centiares (à la mesure de Gouvieux), « tenant d'occident à
la demoiselle Mortet, d'orient à la grande route de Paris, du
midi à Pierre Chrétien et au bois du Gouvernement (bois du
prince de Condé émigré), et du nord au chemin de Senlis » (rue
de l'Embarcadère).

Le 31 janvier 1822, M. Duchaufour céda son bois à M. Dupressoir (Auguste-Alexandre-Stanislas), moyennant 2.500 francs.
Le 21 septembre 1828, M. Dupressoir et sa femme, Nicole-
Françoise Claudin [1], vendirent au duc de Bourbon un grand
nombre de pièces de terre et bois dont la dernière seule nous
intéresse ici : « 2 h. 82 a. 71 c. ou 8 arpens 27 verges et demie
de terre en partie plantés en bois, en trois pièces : 1° 1 h. 80 a.
19 c. ou 5 arpens 27 verges et demie, dont partie a été défri-
chée, à l'entrée de la plaine des Aigles près le bois Bourillon,
sur laquelle pièce il existe un bâtiment » (c'est la pièce concédée à Peyrard par le prince de Condé en 1782 ; un arpent
avait été défriché au long de la rue de l'Embarcadère) ;
« 2° 68 ares 33 c. ou 2 arpens plantés en bois au même lieu ;
3° 34 ares 19 c. ou 1 arpent planté en bois, aussi au même
lieu ».

Par actes du 28 janvier et du 6 février 1858, le domaine de
Chantilly vendit à MM. Auguste Lupin, Jacques Reiset, et
Alfred-Louis-Marie, comte de Noailles, une pièce de terre et
bois lieu dit le bois Bourillon, avec deux maisons de gardes
forestiers, cour et jardin (à l'angle nord-est), d'une contenance
totale de 3 hectares 32 ares 81 centiares, dont 2 hectares 31
ares 65 centiares de bois. A l'ouest et au sud, la délimitation
avait été imposée par les chemins créés en vue de l'établissement du chemin de fer (place de la Gare et rue d'Orgemont).

---

[1] J'ai vu leurs portraits chez leurs petites-filles, Mlles Barbier, dans
l'appartement qu'elles occupent au n° 30 de la rue du Connétable. Nicole-
Françoise Claudin était la seconde femme de M. Dupressoir, qui avait
épousé en premières noces, en septembre 1793, la veuve de Louis-Maxi-
min Pigeaux, meunier au moulin de la Canardière, décapité le 15 août
1792 par les gardes nationaux de Paris en expédition à Chantilly.

Outre l'héritage de Peyrard, cet espace comprenait quelques petites pièces acquises de particuliers par le duc de Bourbon ; il subsistait encore deux petites enclaves : la première, qui appartenait en 1858 à MM. Aubry et Hémet, est aujourd'hui occupée par le premier café en face de la gare ; la seconde, à 20 mètres plus loin sur la rue d'Orgemont, était la propriété de la veuve Allmer. C'est alors que fut construite sur la Pelouse, en avant du bois Bourillon, la maison des gardes forestiers dont il reste le puits.

*
* *

J'ai dit plus haut que les maisons de la Pelouse n'avaient qu'un jardinet de 4 mètres de profondeur. Le 1ᵉʳ janvier 1779, le prince de Condé manifesta l'intention d'agrandir les jardins par une nouvelle concession de 2 toises (ou 4 mètres), et tous les occupants acceptèrent avec plaisir. Le terrain leur fut concédé à raison de 9 livres la toise superficielle, avec un léger cens annuel et aux conditions suivantes : « 1° Ils feront clore lesdits terrains, à leurs frais, d'une grille, soit en fer, soit en bois, suivant les alignement, hauteur et décoration qui leur seront donnés par M. Leroy, architecte de S. A. S.; dans laquelle grille ils pourront faire percer une porte, également grillée, pour aller et venir, à pied seulement, sur la pelouse ; 2° ils ne pourront faire construire ni élever aucuns bâtimens ni édifices, non seulement dans lesdits terrains, mais encore dans leurs jardins y tenant, sans le consentement exprès et par écrit de S. A. S.; 3° ils souffriront les tuyaux et autres conduites que S. A. S. désirera faire passer dans les terrains susvendus, tant pour la décharge des eaux du réservoir qu'autrement... » (actes des 7 et 8 mai 1779). Jacques Toudouze écrivit dans son *Journal*, le 1ᵉʳ juin 1779 : « Leurs Altesses Sérénissimes ont visité tous les nouveaux jardins dont S. A. S. a accordé aux particuliers deux toises de terrain sur la largeur, lesquels jardins sont tous fermés de grillages de fer, et portes de même sur la pelouse pour leur sortie, dont la vue est fort agréable, ainsi que pour les particuliers qui habitent ces maisons. Toutes les grilles sont finies, et les petits jardins bien décorés ». La même concession fut faite, et les mêmes conditions imposées, le 24 décembre 1784, aux propriétaires des maisons et terrains représentés aujourd'hui par les nᵒˢ 75 à 81 de la rue du Connétable.

Sur le côté nord de la rue, une nouvelle maison avait été édifiée. On accédait au Potager bas par un passage qui est occupé de nos jours par la maison nᵒ 58; entre ce passage et la forge de Quinquempoix, se trouvait un terrain qui jusqu'alors avait été la Figuerie. En 1774, le prince de Condé fit installer la figuerie derrière les maisons de la place du Marché, et il résolut de concéder le terrain devenu libre. C'était un espace de 12 toises et demie sur rue, sur 15 toises 4 pieds de profondeur jusqu'au mur qui fermait le grand Potager. Le prince en fit distraire une largeur de 27 pieds, « réservée pour l'utilité de la forge », et vendit le reste jusqu'au passage, c'est-à-dire 8 toises sur rue, au serrurier Henri Aubry le 9 septembre 1776, moyennant 912 livres (à raison de 8 livres la toise superficielle) et un cens annuel de 2 sols, « à la charge de faire construire incessamment une maison sur la rue dans toute la largeur dudit terrain et sur l'alignement des autres maisons déjà construites pour l'uniformité et décoration de ladite rue ». Cette maison porte le nᵒ 56 de la rue du Connétable

L'espace situé en avant du Réservoir, entre l'avenue du Bouteiller et l'avenue de Condé, avait été réservé en vue de la création d'une place centrale. Le prince de Condé jugea sans doute que la place du Marché et la place de l'Hôpital suffisaient aux besoins de la ville, car le projet fut abandonné, et l'aliénation du terrain fut décidée. On commença par le côté nord de la rue; le 24 décembre 1784, les lots, qui avaient 13 toises de profondeur, furent vendus à raison de 6 livres la toise superficielle, avec un léger cens annuel et perpétuel. Les acquéreurs s'obligeaient à « paver à leurs frais, dans le courant d'un an au plus tard, en grand pavé, chacun la face de son terrain jusqu'au pavé de la grande route, en observant le niveau du ruisseau pour l'écoulement des eaux; mettre incessamment et à leurs frais lesdits terrains en valeur et les faire clore de murs en maçonnerie, afin que le cens seigneurial y soit aisément pris et perçu à toujours, sur lesquels terrains il leur sera néanmoins loisible de faire construire et élever tels bâtimens et édifices que et quand bon leur semblera, qui ne pourront être couverts qu'en tuiles ou ardoises ; souffrir les tuyaux ou autres conduits des eaux du réservoir ». Voici la liste des concessions, appliquées aux numéros actuels des maisons :

N° 74, Jacques-Louis Baudet, maitre menuisier, 8 toises de face. — N° 76, Jean-Baptiste Huet, aubergiste, 8 toises. Huet vendit son terrain au serrurier Toupet. — N° 78. Cette maison se compose de deux concessions : Antoine Deshayes, maître perruquier, 5 toises ; Jean Jacquin, marchand de vins, et Françoise Testelin, sa femme, 7 toises. — N° 80, Louis Blampied, menuisier, 6 toises. Le 12 octobre 1785, Blampied vendit son terrain à Jean Quilloue, voiturier. — N° 82, Jean-Baptiste Landragin, sculpteur de S. A. S., 5 toises 2 pieds. — N° 84, André Huet, charretier, 5 toises 2 pieds. Huet vendit ensuite au sieur Jourdain. — N° 86, Jean-Marie Garin, maître boulanger à Chantilly, 8 toises. Le 29 juin 1787, Garin vendit à Antoine Trouvain, ancien maitre boulanger et aubergiste, « un terrain clos de murs, ayant deux entrées, dont une par une petite porte sur l'allée de la grille des Cascades, et l'autre par une porte cochère sur la grande rue, ayant 8 toises de façade, laquelle façade est pavée en grand pavé jusqu'à la chaussée... ». Trouvain fit aussitôt construire la maison.

Pour le terrain situé de l'autre côté de la rue, les soumissions furent recueillies en 1784 ; un plan fut dressé, l'état définitif des concessions à faire fut soumis au prince de Condé au mois de mai 1785, et, par décisions en date du 1er juin et du 6 juillet, le Conseil du prince autorisa M. Antheaume de Surval à passer les actes, ce qui fut fait par-devant Me Patin, notaire à Chantilly, le 18 septembre 1785. L'acte ne comportait pas de prix de vente, mais fixait un cens annuel et perpétuel assez élevé, 4 sols par toise superficielle. Les preneurs étaient tenus « de paver en grand pavé, dans le courant d'un an, la façade de leurs terrains sur la grande rue, jusqu'à la chaussée entretenue par le roi, en observant le niveau du ruisseau pour l'écoulement des eaux (il ne s'agit donc pas d'un trottoir) ; de mettre incessamment les terrains en valeur et de les faire clore de murs en maçonnerie, à l'exception de la façade vers le Réservoir, qu'ils feront fermer d'une grille soit en fer, soit en bois, peinte en vert, suivant les alignement, hauteur et décoration qui leur seront donnés par M. Leroy, architecte de S. A. S., dans laquelle grille ils pourront faire percer des portes grillées pour aller et venir à pied seulement sur la Pelouse; sur lesquels terrains ils pourront néanmoins, si bon leur semble, faire construire et élever tels bâtimens et édifices que bon leur semblera, couverts en tuiles ou ardoises, qui seront assis sur les mêmes alignemens que ceux qui sont présentement construits sur la Pelouse vers les Grandes Ecuries, et à la même distance des bâtimens à la grille à faire... »; servitude des conduits d'eau.

N°s 63 et 65, Hôtel-de-Ville et Poste. — 1° Lambert-Louis Deshayes, garde des cabinets d'Histoire naturelle du prince de Condé au château de Chantilly, « 175 toises superficielles ayant 10 toises de face sur la grande rue, moyennant 35 livres de cens et rente seigneurial, annuel, perpétuel, non rachetable, indivisible et imprescriptible... ». Le 31 août 1790, M. Deshayes vendit son terrain et les bâtiments commencés à Joseph-François d'Andigné de La Chasse, ancien évêque de Châlon-sur-Saône, qui fit achever la maison (n° 63). — 2° A la suite, un terrain de 225 toises, ayant 10 toises de face sur la rue, fut concédé à Claude-Pierre Blampied, garçon des appartements du château, qui fit aussitôt construire une maison. Le 21 floréal an VIII (11 mai 1800), Blampied vendit sa propriété à M. d'Andigné de La Chasse. — L'ensemble fut acquis par la Ville de Chantilly en 1847.

N° 67, Pierre-Toussaint Servaty, dit Champagne, menuisier à Chantilly, 156 toises superficielles présentant 7 toises de face sur la rue. — N° 69, Jean-Baptiste-Michel Pelisson, marchand de chandelles à Chantilly, 178 toises superficielles ayant 8 toises de face. Le 15 octobre 1788, Pelisson vendit son terrain, avec la bâtisse commencée et les matériaux préparés, à Gilles Merckx, maître tailleur à Paris. En 1791, la propriété a de nouveau changé de mains; elle appartient au sieur Flamant.

N°s 71 et 73. — Nicolas-Charles Servoisier, employé au Trésor de la Marine, demeurant à Paris, rue neuve des Capucines, chaussée d'Antin, 426 toises superficielles, ayant 17 toises

3 pieds 3 pouces de face sur la rue. Le 19 juillet 1786 M. Servoisier vendit à M. Charles Fieffé de Liévreville la partie occidentale de son terrain, d'une contenance de 178 toises. Deux maisons furent aussitôt édifiées; celle de M. Servoisier fut annoncée à louer par le numéro des *Affiches de Senlis* du 8 septembre 1788 : « Une maison située à Chantilly, grande rue, vis-à-vis du réservoir, consistant au rez-de-chaussée en cuisine, salle à manger, salon, et endroit pour le portier; sept chambres au premier étage, dont six à cheminée ; six autres chambres au second étage, dont cinq avec cheminée; une terrasse à côté; six chambres lambrissées, dont deux à cheminées, au dessus du second étage; un donjon ou point de vue au dessus desdites chambres lambrissées, ayant une cheminée, à vue par trois croisées; quatre caves, une belle cour, et un petit jardin ayant une sortie sur la plaine ». Quant à M. de Liévreville, il garda peu de temps sa propriété de Chantilly; en 1794, elle appartient au citoyen Rabiant.

**
* **

La dernière concession de terrain accordée par le prince de Condé avant son émigration le fut en faveur de Jacques-Louis Chalot, maître de la Poste de Chantilly en 1785. Né en 1760, Jacques-Louis Chalot appartenait à une vieille famille du Mesnil-Aubry; son grand-père, Louis Ier, avait été procureur au grenier à sel de Creil. Son père, Louis II, avait occupé la même charge; marié à Élisabeth Lefèvre, et seigneur du fief de la Lampe à Viarmes, il était mort en 1772. A Chantilly, Jacques-Louis Chalot épousa Marguerite Naze, qui lui donna trois fils et une fille. Le fils aîné, Jean-Baptiste, fut maître de la Poste après son père; c'est le grand-père de M. Arthur Chalot et de Mme Chaumel du Planchat. La fille, Céleste, épousa M. Jacquin, notaire à Chantilly, d'où une fille qui fut Mme Prevost, belle-mère de M. Anatole Gruyer, membre de l'Institut de France.

La Poste-aux-Chevaux se trouvant fort à l'étroit près de la porte Saint-Denis, devant le Jeu-de-Paume, M. Chalot désira transférer l'établissement sur la grande route de Paris, à l'entrée de Chantilly, et le prince le favorisa de la concession d'un terrain pris sur la friche qu'il avait jalousement réservée. Ce terrain, contenant 1 arpent 66 verges 12 pieds, formait l'angle de la grande route et du vieux chemin de Senlis (rue de l'Embarcadère); il était limité au nord par le reste de la friche, au nord-ouest par la propriété de Briolat, à l'ouest par celle d'Étienne Quénescourt. La concession fut faite par acte du 20 mai 1789; il n'y eut pas de prix de vente, mais seulement un cens annuel fixé à douze boisseaux d'avoine et dont le terrain devait être grevé à perpétuité. Cette perpétuité ne dura que deux ans, en raison de l'abolition des droits féodaux et de la loi qui imposa le rachat des censives. M. Chalot fit édifier en 1791-1792 les bâtiments de la nouvelle Poste-aux-Chevaux, qui devinrent en 1850 la propriété de M. Aumont. Disons tout de suite un mot du parc que M. Aumont y adjoignit et qui vient de faire place à un nouveau quartier de la ville de Chantilly. Ce parc fut créé par l'acquisition des propriétés suivantes, toutes mentionnées par le cadastre de 1791 :

1° Derrière et attenant la maison, un arpent de terre appartenant en 1791 à la veuve d'Étienne Quénescourt. En 1761, celui-ci avait déclaré posséder « un arpent sis aux Fontaines de Chantilly, lieu dit le coin du bois Bourillon, tenant d'orient au prince de Condé, d'occident aux héritiers Chevalier (pièce de bois), du nord à Briolat et au prince, du midi au vieux chemin de Gouvieux (rue de l'Embarcadère) ». Quénescourt le tenait de Nicolas Alix, qui l'avait acquis de Florent Diot en 1743;

2° Partie de la propriété Briolat, que nous avons précédemment décrite; partie des terres attenant à la maison occupée (rue de Gouvieux) par la veuve François Moreau en 1791 ; partie du jardin situé à l'ouest de la maison Moreau, possédé par Méry en 1761, par Pincebourg en 1791;

3° A la suite de ce jardin de Pincebourg, trois arpents de terre, puis le bois Lhermitte. — Au milieu du xvii° siècle, le charpentier Charles Martin, dont nous avons rencontré les maisons dans les Fontaines, avait acquis le bien de Marie Jouin, veuve Langlois : une carrière et grange dans la rue des Fontaines, et 14 arpents de terre « proche les Fontaines, tenant du nord aux héritiers de Germain Ledru, du midi au chemin de Senlis à Gouvieux ». Ces 14 arpents furent divisés entre les trois filles de Charles Martin, mariées à Claude Couvreur, Charles Mennessier et Jean Genessanas. Celui-ci eut trois arpents qui passèrent ensuite aux Boucher et que François Moreau acquit d'Antoine-Henri Boucher le 30 mai 1755. Le cadastre de 1791 les mentionne sous les nᵒˢ 168 et 169 comme appartenant à François Moreau fils. — Les onze autres arpents furent acquis par Nicolas Lhermitte, en 1717 et 1722, de Claude et Christophe Couvreur et Pierre-Louis et Isambert Mennessier. En 1761, Marguerite Lhermitte, veuve d'André Mignotel, et Claude Couvreur, veuf de Jeanne Lhermitte, déclarent posséder « onze arpens de terre en une pièce, lieu dit les Fontaines, dans laquelle passe le chemin de Chantilly à Gouvieux, de laquelle il y a 5 arpens 3 quartiers plantés en bois (le bois Lhermitte), tenant d'occident et du nord aux héritiers de Claude Magnan, d'orient aux hoirs Antoine Boucher (qui vendirent à François Moreau), du midi à l'ancien chemin de Gouvieux à Senlis ». Le bois Lhermitte figure sur le cadastre de Chantilly dressé en 1791 : il appartenait à Mᵉˡˡᵉ Mignotel et contenait 6 arpents 2 verges 4 pieds. Sous la Restauration, le bois Lhermitte, qui s'était développé, appartenait pour la plus grande part (3 h. 19 a. 66 c.) à M. Jacquin, notaire à Chantilly. Le duc de Bourbon en fit l'acquisition en 1829. Le 5 juillet 1852, le Domaine de Chantilly vendit le bois Lhermitte à M. Alexandre Aumont ; la contenance en était alors de 4 h. 90 a. 88 c. ; elle fut notablement réduite par la création du chemin de fer.

Au moment où le prince de Condé concédait à M. Chalot l'emplacement de la nouvelle Poste, on achevait de construire, près des écluses du Grand Canal, « quatre bâtimens appelés Usines ». Le prince avait donc l'intention de créer un établissement industriel à Chantilly. Richard-Lenoir utilisera plus tard ces bâtiments.

Nous ne pouvons mieux indiquer le développement auquel était parvenu Chantilly sous l'impulsion des princes de Condé, qu'en reproduisant ici le premier cadastre de la ville, dressé au printemps de 1791. Nous accompagnerons chaque article de courts éclaircissements, en y ajoutant, quand nous pourrons le faire sans trop de craintes d'erreur, la concordance avec les maisons actuelles.

Cadastre de la Ville en 1791.

RUE DU CONNÉTABLE

côté septentrional depuis la porte Saint-Denis.

« N° 1. La Poste aux chevaux, à S. A. S., maison, cour, 27 verges 15 pieds 6 pouces ». — Terrain concédé à Simon Mouret, dit Picard, le 19 octobre 1669. Hôtellerie de *la Croix-Blanche*, puis du *Pélican*. La *Poste* au xviiie siècle. Maîtres de la Poste : Gilles Delion, Noël Brebant, Pierre Brebant, son beau-frère Delaître, puis Jacques-Louis Chalot. — Ancien *n° 2* démoli.

« N°s 2 et 3. Sr de Gozengré, maison, cour, 6 v. 1 p. 5 p. ». — Terrain concédé à Jean Lemaire le 20 avril 1693 ; sa veuve vend la maison à Charles Peyrard, concierge du château, le 12 avril 1710. La maison appartient ensuite à Jean Peyrard, fils de Charles, gruyer, puis à Nicolas-François Peyrard, dont une fille, Jeanne-Sophie, épousa Louis-Charles-Nicolas-Rieul Regnard de Gozengré, greffier en chef de la capitainerie d'Halatte, garde-marteau de la gruerie de Chantilly. — Partie (4 toises) du *n° 4* actuel.

« N° 4. Le *Grand-Cerf*, maison, cour, 23 v. 11 p. 6 p. ». — Terrain concédé à Étienne Nicolas le 30 juillet 1671 ; hôtellerie du *Grand-Cerf*. En 1725, les héritiers Nicolas vendent la maison à Antoine Toudouze ; Michel-Cyrille Lannuyer en fit l'acquisition en 1782 et 1785. — Partie du *n° 4* et *n° 6* (18 toises de face sur rue).

« N°s 5 et 6 François Taffin, maison, cour, 6 v. 0 p 5 p. ». — Terrain concédé au chirurgien Henri Lejeune le 10 octobre 1676. Lejeune eut deux filles, Élisabeth-Françoise, qui épousa le chirurgien Jacques Noblet, et Marie-Antoinette, femme de Jean Gravant ; d'où deux maisons, la première, celle de Noblet, ayant 4 toises de façade, la seconde 7, y compris une pointe que l'élargissement de la route de Vineuil fit disparaître. En 1758, les héritiers Noblet vendirent leur maison à Denis Moreau, qui la céda en 1761 à son voisin Louis-François Gravant, « inventeur des porcelaines de France établies à Sèvres », dont le fils dirigea la manufacture de Chantilly. Le 2 juin 1785, les héritiers Gravant cédèrent les deux maisons, qui n'en faisaient plus qu'une, située entre le *Grand-Cerf* et la grille des jardins (entrée de la route de Vineuil), à François-Michel Taffin, maître perruquier à Chantilly. — *N° 8 actuel.*

« N°° 7, M. le curé ; 8, s^r Alexandre ; 9, s^r Fion, vicaire ; 10, s^r Antheaume ; 11, s^r Lacour ; maisons cours et jardins à S. A. S., 97 v. 15 p. 6 p. ». — Le curé habitait le *n° 10* actuel, au fond de la cour ; Alexandre Billouet était portier de la grille des jardins de Beauvais (entrée de la route de Vineuil). M. Antheaume de Surval, procureur-fiscal-général de la châtellerie de Chantilly, habitait l'hôtel de Beauvais, dit alors l'hôtel des Juridictions, où se trouvaient le tribunal et les prisons (*n° 12* actuel). M. Lacour, inspecteur des chasses, demeurait dans l'hôtel de la Capitainerie (*n° 14* actuel. Le *n° 16* ne fut bâti que plus tard).

« N° 12. Mathieu Vandessel, maison, 4 v. 4 p. 2 p. ». — Terrain concédé à l'épicier Jean Selbert le 27 février 1769. Acquise en 1772 par Nicolas Lasne, maître d'hôtel de M. Lallemant de Nantouillet, la maison fut vendue à l'épicier Mathieu Vandessel le 12 octobre 1787. — *N° 18 actuel.*

« N° 13. Veuve Labbé, maison, 2 v. 13 p. 9 p. — N°° 14-15. Veuve Hubert Ransenne, maison, 2 v. 1 p. 6 p. ». — Terrain concédé au perruquier Hubert Ransenne le 27 février 1769. Il vendit la moitié de sa maison, le 3 septembre 1772, à dame Agnès-Jeanne Loubradou de Laperrière, veuve de Jean Peyrard, gruyer, dont une fille, Charlotte-Françoise, est veuve de Jacob-André Labbé en 1791 (*n° 20*). De l'autre moitié, Ransenne fit une hôtellerie à l'enseigne du *Grand-Monarque* (*n° 22*).

« N° 16. Louis Duhamel, maison, cour, 2 v. 13 p. 9 p. — N°° 17 et 18. Sr Levasseur, de Juilly, maison, 4 v. 2 p 8 p. ». — Propriété de Gervais Favanne en 1650 ; en 1662 à Jean Masson, muletier du prince de Condé ; en 1681 au boulanger Pierre Barré, qui a épousé Nicole Masson ; en 1708 à Marie Barré, femme d'Antoine Duru, dont la fille, Marie-Jeanne, épousa Jean Leroy, inspecteur des bâtiments du prince de Condé. En 1777, Mme Leroy vendit une partie de sa maison à Louis Duhamel, charcutier et marchand de vin (*n° 24*), et l'autre partie à Jean Levasseur, épicier à Juilly (*n° 26* actuel).

« N° 19. Pierre Laville, maison, 2 v. 16 p. 10 p. ». — 1580, Jeanne Deschamps, veuve de Mathias de Blainville, éperonnier à Senlis. 1600, Pierre de Blainville, avocat au bailliage et siège présidial de Senlis, et son frère Mathias, avocat au Grand Conseil. 1602, Bertrand Carrière, conducteur des bœufs de la basse-cour de Bucamp. 1650, Charles Blampied. 1681, Henri Blampied, pêcheur du Grand Condé, père de Claude Blampied et de Françoise, qui épousa Louis Laville. En 1761, la maison appartient à Louis Laville fils, piqueur des travaux du prince de Condé, à Pierre-Claude Blampied, bâtelier des chaloupes et nacelles du prince, à Henri-Claude Blampied, marchand éventailliste à Paris, et à Louis Blampied, menuisier de la Machine de Chantilly. Le 29 octobre 1781, les Blampied vendirent leurs parts à Louis Laville. — N° 28.

« N° 20. Antoine Peaucellier, maison, 2 v. 16 p. 10 p. ». — 1650, Pierre Debauve. 1681, Nicolas Debauve et autres héritiers de leur cousin Étienne Debauve. 1683, 1703, Michel Daraines à cause de sa femme. 1706, Marie Delie ; 1708, son neveu Pierre Devaux, maçon ; maison dite *les Casernes*, puis cabaret à l'enseigne du *Dauphin Royal*. 1761, Marie-Henriette Quévreux, veuve de Pierre-Nicolas Devaux, entrepreneur de bâtiments. Maison acquise avant 1770 par Antoine Peaucellier, palefrenier et cabaretier. — *N°* 30 *et* 32.

« N° 21. Rieul Marotte, maison, 1 v. 14 p. 8 p. — N° 22. Jean Fée, maison, 1 v. 5 p. 4 p. ». — Maison divisée en deux en 1790, par cession de Marotte à Fée. La maison entière appartient en 1734 à Jean-Baptiste Bordier, dont la veuve, Françoise Hubert, vend en 1748 à François Huret, lequel cède en 1756 à son frère Mathieu, épicier. En 1774, la maison appartient à Rieul Marotte, palefrenier et épicier.

« N° 23. Jean-Cyprien Perrier, maison, cour, 1 v. 13 p. 5 p. ». — Maison appartenant en 1734 à Louis Perrier, jardinier du prince de Condé, à cause de Marguerite Prou, sa femme. Cabaret à l'enseigne des *Armes de Condé* de 1734 à 1747, à l'enseigne de la *Grande Pinte* en 1774.

« N° 24. Louis Robinot, maison, cour, 1 v. 14 p. ». — Maison appartenant en 1734 à Antoine Marchand, charpentier et cabaretier, à cause de Catherine Prou, sa femme. En 1737, le propriétaire est M. Messac, valet de chambre du duc de Bourbon, il loue la maison à l'épicier Mathieu Huret. Ses fils, l'abbé Antoine-Ambroise et Jacques Messac, vendent la maison, le 14 octobre 1751, à Louis Robinot, sellier, puis marchand de bois.

« N° 25. Gilles Maincent, maison, 1 v. 17 p. 1 p. ». — Maison appartenant en 1734 à Pierre Raimbaud, maçon, à cause de Charlotte Prou, sa femme, et, après eux, à un neveu de Charlotte, Pierre-François Perrier, jardinier du prince de Condé. Le 13 février 1784, Perrier vendit sa maison à Gilles Maincent.

Ces maisons, que le cadastre de 1791 numérote de 21 à 25, sont aujourd'hui représentées par les *n°s 34 à 40* de la rue du Connétable (place du Marché). Elles se trouvent sur un terrain vendu par Guillaume Burillon à Louis Maupin le 10 septembre 1637. Maupin y fit aussitôt bâtir une maison, qu'il vendit à Étienne Roland le 10 mai 1648. Roland la modifia et l'agrandit [1]; ses héritiers l'aliénèrent. En 1695, Fiacre Prou, dit la Douceur, couvreur, acquiert la moitié orientale de la maison ; les quatre cinquièmes de l'autre moitié en 1701, celle ci appelée *la Table Roland;* le dernier cinquième lui est vendu en 1708 par Anne Mosnier, veuve de François Roland, maître tapissier à Paris. Les deux parties réunies sont appelées *les Casernes* en 1709. Le partage de la succession de Fiacre Prou divisa la propriété en quatre parties : la première appartint aux Trumeau, puis aux Bordier (n°s 21 et 22 de 1791), la seconde aux Perrier (n° 23), la troisième à Marchand, puis à Messac et à Robinot (n° 24), la quatrième à Raimbaud, puis à son neveu Perrier (n° 25).

« N° 26. Veuve Riquier, maison, 15 p. 4 p. ». — Petite maison faisant alors l'angle de la place et de la rue; représentée aujourd'hui par le n° 44 (le 42 est de construction moderne). Le premier propriétaire fut Louis Frémy, maître d'école de Chantilly; il était âgé de soixante-dix-sept ans lorsqu'il la vendit, le 7 avril 1759, à Jean-Baptiste Mary, boucher à Vineuil. Mary la vendit à son tour, le 14 octobre 1777, à François-Jacques Riquier, épicier, marié à Geneviève-Blanche Michelon.

---

[1] Voir *les Origines de la ville de Chantilly*, p. 47.

— A la suite, jusqu'à l'hôtel de Quinquempoix, le terrain actuellement bâti (n°⁴ *46 et 48*) faisait alors partie des potagers du prince de Condé ; c'était la Melonnière (*46*), et la cour des fumiers (*48*).

« N°⁵ 27, 28, 29 Bâtiment, cour, de Fromentin, Camus, Toupet, école de dessin, petite cour derrière la forge ; à S. A. S., 56 v. 0 p. 6 p. » — Fromentin et Camus étaient jardiniers du prince de Condé ; ils occupaient l'aile droite de l'hôtel de Quinquempoix, et une partie de l'aile du fond, dont le reste était occupé par le serrurier Toupet. La forge était à gauche, et, sur la rue, une école de dessin établie par le prince de Condé. *N°⁵ 50-52* actuels. — Le *n° 54* est bâti sur un terrain qui avait été réservé par le prince « pour l'utilité de la forge » et qui fut acquis par M. Toupet en 1794.

« N° 30. Veuve Henry Aubry, maison, jardin, 14 v. 3 p. 0 p. ». — Terrain concédé au serrurier Henri Aubry le 9 septembre 1776. *N° 56* actuel. — A la suite, ancien passage des Potagers, acquis par Denis Moreau en 1794 ; emplacement du *n° 58*.

« N° 31. La Pension, maison, cour, à S. A. S., 15 v. 3 p. 0 p. ». — Terrain concédé, le 25 octobre 1771, à Jean-Louis Wauthy, dit Vautier. Auberge à l'enseigne du *Coq Doré*, tenue par Jean-Baptiste Huet. Le prince de Condé acheta la maison le 13 juillet 1784 et y installa une maison d'éducation. *N° 60* actuel.

« N° 32. Denis Moreau fils, maison, jardin, 35 v. 2 p. 8 p. ». — Terrain concédé, le 25 octobre 1771, à Nicolas-François Peyrard, gruyer de Chantilly, dont la fille, Charlotte-Adélaïde, épousa Denis Moreau fils, négociant en blondes. La maison est représentée par le *n° 62* actuel ; un parterre avec bassin occupait l'emplacement du *n° 64* ; derrière, s'étendait le verger du prince de Condé.

« Petite cour tenant ci-devant à la chapelle Saint-Germain, à S. A. S., 6 pieds. Veuve Jean-Baptiste Marlin, pour la place de la chapelle Saint-Germain, 2 v. 6 p. » — *N° 66* actuel.

« N°⁵ 33-34. Les héritiers Albert, maison, chantier, 14 v. 11 p. 8 p. — N° 35, veuve Jean-Baptiste Marlin, maison, 5 v. 4 p. 6 p. — Cour commune, 19 v. 7 p. 2 p. ». — *N°⁵ 68, 70 et 70 bis* actuels.

« N°⁵ 36-37. Louis-Pierre Duquesnoy, maison, cour, 16 v. 15 p. 4 p. ». — Terrain concédé, le 25 octobre 1771, à François Lecomte, menuisier à Chantilly. N°s 72 *et* 72 *bis* actuels.

« N° 38. Jacques Baudet, maison, cour, 12 v 15 p. 10 p. ». — Terrain concédé, le 24 décembre 1784, à Jacques-Louis-Baudet, menuisier. *N° 74* actuel.

« N° 39. Sr Toupet, maison, cour, 11 v. 13 p. 3 p. ». — Terrain concédé, le 24 décembre 1784, à Jean-Baptiste Huet, aubergiste à Chantilly, qui le vendit au serrurier Toupet *N° 76* actuel.

« N° 40. Antoine Deshayes, maison, 7 v. 4 p. ». — Terrain concédé, le 24 décembre 1784, à Antoine Deshayes, maître perruquier. Partie du *n° 78* actuel.

« N° 41. Jean Jacquin, maison, cour, 10 v. 6 p. 4 p ». — Terrain concédé, le 24 décembre 1784, à Jean Jacquin, marchand de vins, et à Françoise-Madeleine Testelin, sa femme. Partie du *n° 78*.

« N° 42. Jean Quilloue, maison, cour, 8 v. 12 p. ». — Terrain concédé, le 24 décembre 1784, à Louis Blampied, menuisier, qui le vendit à Jean Quilloue, voiturier par terre. *N° 80* actuel.

« N° 43. Sr Landragin, maison, cour, 7 v. 14 p. 10 p. — Terrain concédé, le 24 décembre 1784, à Jean-Baptiste Landragin, dit la Fortune, sculpteur du prince de Condé. *N° 82* actuel.

« N° 44. Sr Jourdain, maison, cour, 7 v. 16 p. 12 p. ». — Terrain concédé, le 24 décembre 1784, à André Huet, charretier dans l'équipage du prince de Condé, qui le vendit à Jourdain. *N° 84* actuel.

« N° 45. Veuve Trouvain, maison, cour, 10 v. 8 p. 6 p. ». — Terrain concédé, le 24 décembre 1784, à Jean-Marie Garin, maître boulanger, qui le vendit, le 29 juin 1787, à Antoine Trouvain, ancien boulanger, et à Marie-Jeanne Pilorges, sa femme. *N° 86* actuel.

« N° 46. Les héritiers Charles Mô, maison, cour, 9 v. 13 p. 6 p. » — Terrain concédé, le 25 octobre 1771, à Charles Mô, maçon à Chantilly. *N° 88* actuel.

« N° 47. Veuve Étienne Lefèvre, maison, cour, 10 v. 15 p. ». — Terrain concédé, le 25 octobre 1771, à Jean-Baptiste Bordier, vitrier ; le règlement de sa succession nécessita la vente par licitation de la maison, qui fut adjugée, le 21 avril 1785, à Étienne-Thibaut Lefèvre, maître boulanger. *N° 90* actuel.

« N° 48. Pierre Bordier, maison, cour, 5 v. 14 p. ». — Terrain

concédé, le 25 octobre 1771, au serrurier Pierre Bordier.
N° *92* actuel.

« N° 49. Nicolas Marchal, maison, cour, 7 v. 4 p. » — Terrain
concédé, le 25 octobre 1771, à Nicolas Marchal, garçon de la
Fourrière. N° *94* actuel.

« N° 50-51. Sʳ Blampied, maison, cour, 17 v. 3 p. 10 p. »
— Terrains concédés, le 25 octobre 1771, à Claude-Pierre
Blampied, garçon des appartements du château, et à Pierre
Feuillet, pâtissier du prince de Condé ; Feuillet vendit son ter-
rain à Blampied le 8 mars 1772. N° *96 et 98* actuels.

« N° 52. Sʳ Aillery, maison, cour, 7 v. 4 p. ». — Terrain
concédé, le 25 octobre 1771, à Pierre-François Aillery, marchand à Chantilly N° *100 et 100 bis* actuels.

« N° 53. Sʳ Grandvalet, maison, cour, 7 v. 4. p. ». — Terrain
concédé, le 25 octobre 1771, à Louis Duhamel, dessinateur, qui
le vendit, le 6 mai 1772, à Pierre-François Mary, boucher à
Senlis, puis à Vineuil. Le 12 mars 1784, Mary vendit la maison
à Pierre-Louis Lambert, bourgeois de Chantilly. Celui-ci était
maitre boulanger à Paris lorsque, le 10 août 1787, il vendit la
maison à Antoine Grandvalet, marchand bonnetier à Paris.
N° *102* actuel.

« N° 54. Claude Mortet, jardin, 5 v. 14 p. ». — Terrain
concédé, le 25 octobre 1771, à Charles-Alexis-François Vaudier,
maître menuisier. Sa veuve, Françoise-Julie Fremy, vendit ce
terrain, le 9 octobre 1787, à l'aubergiste Jean-Baptiste Huet,
qui le céda presque aussitôt (29 décembre) à Claude Mortet,
contrôleur de la vénerie du prince de Condé. Il n'y a pas encore
de maison en 1791 ; elle fût bâtie quelques années plus tard.
N° *104* actuel.

« N° 55. Jean-François Bourgeois, maison, jardin, 53 verges ».
— Propriété composée de deux concessions sur rue et d'une
autre par derrière : 1° terrain de 20 toises sur rue concédé, le
25 octobre 1771, à Jean-François Bourgeois, principal concierge
du château ; 2° à la suite, terrain de 6 toises de face concédé,
le même jour, à Marc Gilquin, bourrelier, qui le vendit, le
29 mars 1772, à Jean-Jacques Béthancourt, inspecteur des
écuries et de la livrée du prince de Condé ; celui-ci le vendit à
son tour, le 14 septembre 1774, à François-Jean Perdrix,

peintre du prince de Condé, qui le céda en 1790 à M. Bourgeois ; 3° autre terrain derrière, de 137 toises superficielles, concédé à M. Bourgeois le 27 juillet 1773. La maison de M. Bourgeois est représentée par le *n° 110* actuel ; le *106* et le *108* furent bâtis au XIX° siècle.

« N° 56. Jean Moreau, maison, jardin, 34 v. 4 p. ». — Terrain concédé, le 12 juin 1773, à François Rimbert, marchand de bois. Après sa mort, la maison fut acquise, le 1er août 1781, par Jean Moreau, bourgeois de Paris *N° 112* actuel.

« N° 57. Sr Monnaye, maison, jardin, 17 v. 14 p. ». — Terrain concédé, le 9 septembre 1776, à Jean- Baptiste Monnaye, marchand à Chantilly. *N° 114* actuel.

« N° 58. Sr Cheveau, maison, jardin, 34 v. 12 p. ». — Terrain concédé, le 10 mars 1777, à Jean-Pierre Cheveau, maréchal dans l'équipage du prince de Condé. *N° 116* actuel.

« N° 59. Louis-Pierre Duquesnoy, maison, jardin, 32 verges ». — Terrain concédé, le 23 septembre 1776, à François Lecomte, menuisier à Chantilly, qui vendit au ferblantier Duquesnoy. *N° 118* actuel.

« N°s 60 à 62. Nicolas Demoncy, maison, cour, jardin, 83 v. 7 p. 10 p. ». — Terrain de 28 toises sur rue concédé, le 25 octobre 1771, à Jacques-Claude Cardin, peintre à Paris. Le 7 avril 1777, Cardin vendit la partie orientale de son terrain, 10 toises en façade sur 13 de profondeur, à Nicolas Demoncy, charron à Chantilly. Il vendit le reste, le 28 février 1780, à Blaise Laugier, épicier à Paris, qui fit bâtir une maison. Le 25 mars 1785, Laugier vendit sa propriété à Nicolas Demoncy. *N°s 120* à *124* actuels. Les *n°s 126* à *132* représentent des dépendances de la manufacture de Porcelaines.

RUE DE LA MACHINE

côté oriental.

« N° 63. Manufacture de porcelaines, maison, cour, jardin, 74 v. 17 p. 3 p. ». — Cette superficie comprenait l'emplacement des dernières maisons de la rue du Connétable, et, sur la rue de la Machine, la maison Aaron et la maison suivante. — Ancienne maison de Normandie, édifiée par Jean Nivart en 1491, acquise en 1730 par le duc de Bourbon, qui créa la Manufacture. Exploitée successivement par Cicaire Cirou (1730-1751), Buquet de Montvallier (1751-1760), Pierre Peyrard (1760-1776), Louis-François Gravant fils, qui géra mal ses affaires, au point que sa femme obtint la séparation de biens en septembre 1779, la Manufacture fut vendue par le prince de Condé, à titre de cens et rente, le 15 avril 1781, à cette femme, Madeleine-Caroline-Gasparine Adam, qui la vendit à son tour, le 24 juillet suivant, au prix de 70.000 livres, à André-Joseph Antheaume de Surval, régisseur-général de Chantilly, marié le 11 septembre 1777 à Marie-Denise-Émilie Bourgeois, fille de Jean-François, principal concierge du château. Les époux Antheaume vendirent la Manufacture, le 6 février 1792, à l'anglais Christophe Potter. Nous retrouverons la Manufacture dans la troisième partie de cette étude.

« N° 64. François Vernon, maison, cour, jardin, 7 v. 6 p. 7 p. ». — Gesseaume au xvie siècle, Tesson au xviie, Chevalier au xviiie; Louis Trimolet, maçon, en 1733; François Vernon, charpentier, en 1777.

« N°s 65-66. Veuve Alexandre Hédouin, maison, cour, 10 v. 16 p. 9 p. ». — Langlois au xvie siècle, Martin, Mennessier, et Couvreur au xviie; Jean Canillier et Nicolas Alexandre en 1732; Alexandre Hédouin, maçon, en 1748.

« N°s 67-68. Louis-Antoine Perpette, maison, jardin, 8 v. 4 p. 9 p. ». — Concessions du prince de Condé en 1769 et 1777. La maison appartint ensuite à Perrillaux, à Richard-Lenoir, et enfin au duc de Bourbon (1830). M. le duc d'Aumale la vendit à M. Alexandre Havy en 1873.

Rue de la Machine

côté occidental, de bas en haut.

« N° 69. François Petron, maison, cour, 14 v. 11 p. — N° 70. Alexandre-Marcoul Hédouin, maison, cour, 17 v. 11 p. ». — Martin et Genessanas au xviie siècle. Henri Boucher en 1692. Division ensuite; en 1737, la première maison appartient à Boucher, dont une fille épouse Petron; la seconde à Michel Trochu, charpentier, qui a épousé une Boucher, et dont la fille épouse ensuite Hédouin.

Au dessus, les maisons comprises entre la rue de la Machine, la place de l'Hôpital, la rue de Creil jusqu'à l'angle droit, sont bâties sur des terres dépendant de la vieille ferme de Normandie et concédées par le duc de Bourbon en 1730.

« N° 71. Les héritiers Goizon, maison, jardin, 3 v. 4 p. 11 p. ». — En 1737, veuve Goizon, 3 toises et demie sur rue.

« N° 72. Veuve Etienne Lejeune, maison, jardin, 9 v. 11 p. 4 p. ». — En 1737, héritiers Defresne, 4 toises sur rue.

« N° 73. François Sourdet, maison, cour, 5 v. 5 p. 4 p. ». — En 17.7, Louis Durost, 10 toises de façade, partie sur la rue de la Machine, partie sur la place de l'Hôpital.

« N° 74. Louis Gabillot, maison, 1 v. 9 p. ». — Partie de la maison de Louis Durost en 1737.

« N° 75. Jean-Charles Gaudiveau, maison, 1 v. 7 p. 6 p. ». — Partie de la maison de Louis Durost en 1737, façade sur la place.

Les maisons qui précèdent sont bâties sur un terrain de 22 verges concédé par le duc de Bourbon, le 30 mars 1730, à Charles Defresne, sergent au bailliage de Chantilly. Defresne divisa son terrain en trois parties; il en garda une, vendit une autre à Zacharie Goizon le 21 mai 1730, et la troisième à Louis Durost le 30 janvier 1731. Zacharie Goizon avait pour femme Marguerite Defresne (n° 71 de 1791). — Charles Defresne avait emprunté, le 1er décembre 1729, 500 livres de M. Armand-Étienne Richard du Plessis, ancien gruyer et secrétaire du duc de Bourbon, auquel il avait en retour constitué une rente de 25 livres. Il mourut en 1734, laissant une succession si précaire qu'une sentence du juge de Chantilly, rendue le 13 novembre 1734, attribua sa maison aux filles et héritières de M. du Plessis, Anne-Lucie, mariée à Louis Parmentier de La Motte, conseiller et procureur du roi en l'élection de Clermont-en-Beauvaisis, et Catherine-Thérèse-Sophie, femme d'Antoine-Philippe Bosquillon de Longrois, receveur des tailles en ladite élection. La maison fut vendue, après 1762, à Vincent Marin, puis (1773) à Jacques Vaché, entrepreneur de bâtiments à Chantilly, dont la veuve (avec deux enfants mineurs, Jacques et Louise) épousa en secondes noces le maçon Étienne Lejeune, dit Versailles (n° 72 de 1791) — La troisième maison, bâtie par Louis Durost, tailleur d'habits, avait sa façade sur la place de l'Hôpital.

PLACE DE L'HÔPITAL

Durost eut trois filles : Anne, qui épousa François Sourdet, scieur de long (n° 73 de 1791); Gabrielle-Thérèse, mariée à Nicolas Blondeau, puis remariée à Bourgeonnier, qui vendit sa part de la maison à Louis Gabillot (n° 74 de 1791); Marie-Jeanne-Françoise, femme de Charles Defay, tourneur à la Manufacture de Sèvres, qui, le 15 juin 1789, vendit sa part à Jean-Charles Gaudiveau, épicier à Chantilly (n° 75 de 1791).

« N°s 76 et 79. Sr Ducrot, maison et moitié du jardin tenant au n° 79, 6 v. 14 p. — N° 77. Toussaint Bougon, maison et quart du jardin, 3 v. 11 p. 4 p. — N° 78. Sr Nevers, maison et quart du jardin, 2 v. 16 p. 3 p. — Cour commune des n°s 76 à 79, 1 v. 4 p. 10 p ». — Terrain de 6 toises de face et 12 toises et demie de profondeur concédé le 30 mars 1730 à Madeleine Bertaut, veuve de Michel Barbier, maçon à Chantilly. Le 10 février 1736, elle vendit le terrain et la maison inachevée à Jacques Lefrancois, appareilleur, qui termina la maison et y mit l'enseigne du *Compas d'Or*. Le 12 juillet 1737, le duc de Bourbon concède à Lefrançois un autre terrain de 11 pieds de large, représentant l'espace compris entre la maison du *Compas d'Or* et l'angle actuel de la rue de Creil, à la charge de continuer à faire bâtir en conformité avec les maisons voisines. La maison de Lefrançois eut donc 15 mètres et demi de façade sur la place; en 1791, elle est divisée entre les trois gendres de Lefrançois : Ducrot, Toussaint Bougon et Nevers.

RUE DE CREIL

côté oriental, de haut en bas.

« N° 80. Félix Gourdin, maison, 2 v. 12 p. 2 p. Bahut (Germain-François), maison, jardin, 3 v. 10 p. 5 p. ». — Maison construite sur un terrain de 16 pieds et demi de face sur la route de Creil et 54 pieds de profondeur, cédé par Lefrançois à Jean Bahut, couvreur, le 9 février 1761.

« N° 81. Gilquin père, maison, 2 v. 16 p. ». — Maison construite sur un terrain cédé par Lefrançois à Marc Gilquin, bourrelier, le 9 février 1761.

« N° 82. Sr Trougard, maison, 3 v. 14 p. 11 p. ». — Maison construite sur la partie inférieure du terrain de Lefrançois, par lui cédée à Jean-Pierre Trougard, tailleur de pierres, le 1er août 1737 et le 15 juin 1749, tenant, en 1761, « du midi à Marc Gilquin, du nord aux Boucher, d'un bout par derrière à Nicolas Goizon, et par devant sur la place faisant face au grand chemin de Creil ». La façade regardait donc l'ouest. Au dessous, le terrain, non bâti, appartenait aux Boucher.

« N°s 83-84. Charles Hédouin, maison, jardin, 5 v. 6 p. 9 p. ». — Partie du vieux hameau de Normandie : 1681, Nicole Bansse, veuve de Charles Martin ; 1718, Henri Hédouin et Maxence Aubin ; puis leurs fils Alexandre et André, maçons ; 1774, Charles Hédouin, charpentier, fils d'André. Maison face au midi sur la place de la route de Creil ; 4 toises de façade en 1737.

« N° 85. Pierre Fontaine, maison, jardin, 31 v. 1 p. 7 p. ». — 1737, Harcillon, 4 toises de façade ; jardin jusqu'au quai de la Canardière.

« N° 86. Les héritiers Jean Aubry, maison, cour, 4 v. 2 p. 8 p. ». — 1737, veuve Desvochaux, 13 toises et demie de façade, sur la place faisant face au grand chemin de Creil.

« N° 87. Jean Naze, maison, jardin, 3 v. 10 p. 5 p. ». — 1737 Laboureur, 6 toises de façade. — Les trois maisons précédentes et le jardin formaient au xviie siècle la propriété Mallet, au hameau de Normandie.

« N°s 88-89. Noël le fils, maison, cour, 10 v. 13 p. 3 p. ». — 1737, Élisabeth Tonny, veuve de Nicolas Heurteux, 5 toises de façade.

« N°s 90-91. Veuve Michel Pelisson, maison, jardin, 21 v. 13 p. 4 p. ». — 1737, le *Lion d'Or*, appartenant à la veuve d'Henri Bulidon et présentant 11 toises sur rue.

« N° 92. Nicolas Louvet, maison, cour, 19 v. 12 p. 3 p. ». — 1737, Cousin, 4 toises sur rue. — Les trois propriétés précédentes n'en formaient qu'une au xviie siècle, s'étendant jusqu'au quai de la Canardière. Charlotte Gobert, veuve de Jean Denis, l'avait acquise des héritiers de Mathieu Delapierre le 26 août 1668.

« N°s 93 et 95. Gilquin fils, maison, 4 v. 14 p 10 p. — N° 94.

Guillaume Monnard, maison, 3 v. 7 p. 11 p. — Cour commune
avec les n°⁵ 93 à 96, 2 v. 13 p. 4 p. ». — Propriété acquise des
héritiers de Mathieu Delapierre. le 9 juillet 1673, par Pierre
Maignan et Françoise Aubry. 1702, Antoine Tonny et Marguerite Sauvage. 1737. Élisabeth Tonny, veuve de Nicolas Heurteux, et Antoine Tonny, son frère ; 8 toises de façade ; la maison d'Antoine Tonny porte alors l'enseigne du *Grand-Saint-
Hubert;* les deux sont réunies en une en 1756 par Guillaume
Monnard, qui prend pour enseigne le *Cheval-Blanc;* en 1788,
Monnard garde une partie de la maison et vend le *Cheval Blanc*
à Marc-François Gilquin fils, bourrelier-sellier : c'est aujour-
d'hui le *Cheval-Rouge.*

QUAI DE LA CANARDIÈRE

de la rue de Creil à la rue de la Machine.

« N° 96. Grégoire Pillon, maison, 4 v 2 p. 8 p. ». — Partie
de la propriété Tonny-Monnard ayant face sur le quai.

« N° 97. Veuve Servin, maison, cour, 7 v. 11 p. ». — 1685,
Nicole Bansse, veuve de Charles Martin. 1737, Jean Perpette,
charpentier, 4 toises de face. 1761, Doucet-Dupuis. 1771, Pierre
Servin.

« N° 98. Pierre Richard, maison, jardin, 9 v. 4 p. 5 p. —
N° 99. François Moreau, maison, 2 v. 4 p. 7 p. » — Démembrement de la propriété Boucher, dont la maison donne sur la rue
de la Machine.

RUE DES FONTAINES

*côté occidental; espace compris entre la rue du Viaduc
et le quai de la Canardière.*

« N° 100. Sʳ Berthault, jardin, 1 arpent 47 verges 11 pieds.
— N° 101. Sʳ Berthault, jardin et maison, 2 arpens 29 v. 13 p.
7 p.; terres, 1 a. 8 v. 6 p. ». — Jacques-Antoine Berthault,
entrepreneur de bâtiments à Paris, fils de Jacques, aussi entrepreneur de bâtiments et auteur de la fortune, avait gagné
beaucoup d'argent dans l'entreprise du Palais-Bourbon. Le
grand-père était un maçon de Chantilly. — La maison de
M Berthault, édifiée sur un terrain concédé par le prince de
Condé le 28 novembre 1781, se trouvait sur la rue des Fon-

taines, immédiatement au-dessous de la rue du Viaduc. — Les maisons suivantes, aujourd'hui disparues, bordaient la rue des Basses-Fontaines, dite en dernier lieu cul-de-sac Berthault et disparue aussi, comme je l'ai précédemment expliqué.

« N° 102. Merlet, dit Balagny, maison et cour, 32 v. 13 p. 6 p. ». — Dernière maison du vieux hameau des Fontaines, acquise en 1794 par Jacques-Antoine Berthault.

« N° 103. François Moreau, clos, 115 v. 4 p.; n°ˢ 105-106, maison et jardin, 20 v. 13 p. 6 p. ». — Maison de Claude Adde en 1737. En 1813, la maison en forme trois, « n°ˢ 5, 8 et 10 du cul-de-sac des Basses-Fontaines ».

« N° 104. Philippe Perpette, maison et jardin, 7 v. 5 p. ». — Perpette, charpentier, et Marie-Louise Louvet, sa femme, avaient acquis la maison en 1769.

« N° 107. André James, maison et jardin, 5 verges ». — André James et sa femme, Marie-Jeanne Perpette, avaient acquis la maison en 1775.

« N° 108. Charles Hédouin et Perpette, maison et jardin, 37 v. 10 p. 8 p. ». — En 1634, la maison appartient aux enfants de Noël Trouvé. 1682, Jacques Hédouin. 1710, Charles Perpette et Marie-Thérèse Sauvage, dont les héritiers sont, en 1734, Charles et Antoine Perpette, charpentiers, et leur sœur Marie-Anne, femme du charpentier François-Louis Hédouin. Ce dernier eut cinq fils et une fille ; les deux tiers de la maison appartiennent en 1787 à Charles Hédouin, marié à Marie-Jeanne Adde. L'autre tiers passa au fils aîné d'Antoine Perpette, Louis-Antoine, maçon, qui eut trois enfants, Pierre-Gabriel, Louis-François, et Marie-Jeanne-Adélaïde, femme de Pierre-Joseph Lamarre. A la fin de 1806, la maison entière appartient aux époux Lamarre.

« N°ˢ 109-110. Sʳ Belleville, maison et jardin, 17 v. 7 p. — N° 111, Sʳ Frémont, maison et jardin, 27 v. 16 p. 4 p. ; terres, 60 verges ». — En 1634, il y a là trois maisons qui appartiennent à Michel Philippot et à Germain Ledru. En 1700, le propriétaire est Louis Maignan, tailleur de pierres ; la succession de son fils Claude fut partagée, en 1782, entre une fille de ce dernier, Marguerite, femme de Jean-Baptiste Frémont, boucher, et une petite-fille, Marie-Marguerite Léger, qui épousa en secondes noces Pierre-Louis Belleville.

Les cinq maisons qui précèdent furent acquises en 1820 et 1821, et jetées à bas, par Louis-Martin Berthault, architecte du roi, fils de Jacques-Antoine. La belle propriété Berthault est alors délimitée par la route de Gouvieux au midi et la rue des Fontaines à l'est, et comprend l'article suivant du cadastre de 1791 :

« N° 112, le S⁽ʳ⁾ Mortet, terres, 2 arpens 77 verges 5 pieds ».

RUE DES FONTAINES

côté oriental, de haut en bas.

« N° 113. Louis Perpette, maison, jardin, 28 v. 11 p. ». — Maison vendue en 1635 par Michel Protin à Robert Hédouin, auquel succède son fils Jacques, puis son petit-fils Henri, qui épousa Maxence Aubin. Ceux-ci eurent quatre enfants, Alexandre, André, Marie et Marguerite. Cette dernière, veuve de Jacques Dupont, possède encore, en 1789, la maison, que nous voyons aux mains de Louis Perpette en 1791. Partie de la propriété Versepuy au xix⁽ᵉ⁾ siècle.

« N° 114. Toussaint Mortet, maison, jardin, 73 v. 4 p. — N⁽ᵒˢ⁾ 115-116. S⁽ʳ⁾ Taffin, maison, cour, 24 v. 7 p. 3 p. ». — 1650, propriété du charpentier Charles Martin, dont les filles épousèrent André Couvreur et Charles Mennessier. Les héritiers vendirent, en 1717 et 1722, à Nicolas Lhermite, hôte du *Cygne*. Les filles de Nicolas épousèrent Claude Couvreur et André Mignotel. En 1789, les enfants de Jean-Louis Vaillant et de Marie-Jeanne Couvreur vendent leur part à François-Ambroise Taffin, épicier à Chantilly ; les héritiers Mignotel vendent la leur à Toussaint Mortet, régisseur de la terre et seigneurie de La Chapelle-en-Serval ; le dernier tiers, appartenant à Marguerite Couvreur, femme de Jean-Nicolas Testelin, fut acquis par Taffin l'année suivante.

« N° 117. S⁽ʳ⁾ Berthault, maison, jardin, 3 v. 13 p. 4 p. ». — Maison vendue en 1708 par Louis Maignan à Martin Calais, jardinier, et par celui-ci, en 1748, à Nicolas Berthault, maçon, dont le fils, le petit-fils et l'arrière-petit-fils se constituèrent une si belle propriété de l'autre côté de la rue. En 1834, en vendant cette splendide propriété à M. Wahast, la veuve de Louis-Martin Berthault se réserva la petite maison de l'aïeul, qui d'ailleurs avait été reconstruite.

« N° 118. Maximin Adde, maison, jardin, 4 v. 4 p. 5 p. —

Nᵒˢ 119-120. Veuve Beaulieu, maison, jardin, 5 v. 14 p. —
Nᵒˢ 121-122. Veuve Maignan, maison, jardin, 2 v. 1 p. 2. p. —
Nᵒ 123. Sʳ Hautin oncle, carrière, 2 v. 14 p. 3 p. — Cour commune aux nᵒˢ 118 à 123, 4 v. 14 p. 10 p. — Nᵒ 124. Veuve Camus, maison, jardin, 20 verges ».

Ces maisons proviennent du démembrement d'une propriété que nous trouvons en 1650 aux mains de Jacques Piat, marié à Françoise Foyen. Cette propriété commençait à 25 mètres environ du bas de la rue des Fontaines ; la maison nᵒ 117 en faisait aussi partie. Le partage de la succession de Nicolas Maignan et de Félice Piat, sa femme (26 janvier 1707), divisa la maison et en fit trois. Le toisé de 1737 donne : Maignan jeune (Claude-Nicolas), 2 toises et demie ; Lécuyer (François, maçon), 2 toises ; Bonnefoy (Louis, marié à Marie-Louise Maignan), 3 toises de face sur rue. Claude-Nicolas Maignan vendit la moitié de sa maison à Maximin Adde (nᵒ 118). La fille de François Lécuyer épousa Barthélemy Hautin, épicier à Chantilly, qui vendit sa demeure à Michel Beaulieu, tailleur de pierres (nᵒˢ 119-120), et ne garda qu'une carrière (nᵒ 123). Claude-Nicolas Maignan garda une demeure dans la cour (nᵒˢ 121-122). La première maison en partant du bas (nᵒ 124) appartient en 1737 à Louis Bonnefoy à cause de Marie-Louise Maignan, sa femme ; elle fut vendue avant 1774 au sieur Camus, hôte de *l'Épée*. — Au dessous, se trouve la propriété Perpette, dont l'angle est aujourd'hui occupé par la maison de M. Potain.

QUAI DE LA CANARDIÈRE
de la rue des Fontaines à la rue de Creil.

« Nᵒ 125. Veuve Perpette, maison, jardin, 24 v. 15 p. 10 p. — Nᵒ 126. Veuve Feuillet, maison, cour, 5 v. 13 p. ». — Le nᵒ 125 comprend, outre la maison, un terrain concédé par le prince de Condé, en 1776 et en 1787, au charpentier Charles Perpette, terrain faisant jusqu'alors partie de la place ou carrefour des Grandes-Fontaines. Ce terrain forme l'angle de la rue actuelle des Fontaines et du quai, environ 24 mètres sur la première et 32 sur le second. La maison vient ensuite, sur le quai ; le toisé de 1737 lui donne une façade de 8 toises, soit 15 m. 60. Elle avait été bâtie sur un morceau du terrain concédé par le duc de

Bourbon, en 1720, à Jean Poulet, morceau vendu par celui-ci, le 2 décembre 1722, à Jean-François Lhuillier, dit Berry, dont les filles épousèrent Charles Perpette fils, charpentier, et Jean-Claude Feuillet, frotteur au château ; d'où division de la maison en deux.

« N° 127. Veuve Poirée, maison, cour, 3 v. 4 p. ». — Maison de 5 toises et demie de façade, bâtie par Claude Poulet sur une partie du terrain concédé à son père en 1720 ; vendue par ses héritiers, en 1761, à Guillaume Poirée, faisandier du prince de Condé.

« N° 128. Claude Noël, maison, cour, 3 v. 3 p. — N° 129. Laurent Combée, maison, cour, 13 v. 6 p. 6 p. ». — Il n'y eut d'abord qu'une maison de 2 toises et demie de façade, bâtie sur un terrain vendu par Jean Poulet à Jeanne Berger, veuve d'Antoine Piaux, le 4 août 1726. Les héritiers Piaux furent trois filles : Anne, mariée à Charles Perpette père, charpentier ; Marie-Françoise, femme de Pierre Biesse, tourneur ; Catherine, qui épousa Jacques Poisson, mouleur à la manufacture de porcelaines. Perpette racheta les parts de ses beaux-frères ; son fils aîné, François, réparateur à la manufacture de Sèvres, mourut célibataire en 1778 ; le cadet, Charles, charpentier, céda la maison à sa tante Poisson, qui la vendit ensuite à Louis-Isidore Pelisson, tourneur à la manufacture de Chantilly. La maison, agrandie, en forme deux en 1791, aux mains de Noël et de Combée.

« N° 130-131. Denis Moreau, maison, cour, 8 v. 15 p. 4 p. ». — Maison de 3 toises et demie de façade, bâtie sur un terrain vendu par la veuve de Jean Poulet, le 24 juillet 1729, à Jacques Doutreleau, maître de poste à La Chapelle-en-Serval. Les petits-enfants de Jacques vendirent la maison, le 4 mars 1770, à Louis-Antoine Perpette, maître maçon, et à Marie-Jeanne Leduc, sa femme. La maison passa ensuite aux mains des amidonniers Jean-Baptiste Mézières, Pierre Warmé, Jean-Denis Galland ; celui-ci acquit de son voisin Robinot (n° 132), en 1786, un jardin de 4 à 5 verges, et vendit le tout, en 1790, à Denis Moreau.

« N° 132. Louis Robinot, maison, cour, 8 v. — N° 133. François Valois, maison, cour, 18 v. 10 p. 2 p. — N° 134. Claude

Mortet, maison, friche, 6 v. 3 p. 2 p. ». — Maison de 13 toises
de façade, bâtie par Jean Poulet, maçon, sur la partie orientale
du terrain que lui avait concédé le duc de Bourbon le 6 avril
1720 ; elle fut divisée ensuite entre ses fils Claude et Jean-Baptiste Celui-ci eut trois enfants, dont un fils, Jean-Baptiste,
aussi maçon, qui vendit sa part au menuisier Charles Vaudier ;
la fille de Vaudier épousa Claude Mortet, contrôleur de la
vénerie du prince de Condé (n° 134). Le reste de la grande
maison fut acquis, en 1775 et 1776, par Louis Robinot, aubergiste à Chantilly. Robinot vendit le jardin à son voisin, le par-
fumeur-amidonnier Galland, et garda la partie de maison y
attenant (n° 132) ; puis il céda le reste de la maison à François
Valois (n° 133).

« N⁰ˢ 135-136. Denis Moreau, maison, jardin, 28 v. 10 p.
7 p. ». — Maison de 4 toises de façade (1737), édifiée sur un
terrain vendu à Étienne Collant, corroyeur, le 15 juillet 1729,
par les administrateurs de l'Hôpital de Chantilly. Le 30 septembre 1739, Étienne Collant vendit la maison à Claude
Moreau ; celui-ci l'agrandit et céda la partie orientale à Paul
Allart, marchand de verres. Le second fils de Claude, Denis,
marchand de bois, garda le reste de la propriété.

« N° 137. Veuve Duhamel ; M. Muraye, créancier ; maison,
cour, 6 v. 12 p. ». — Partie de maison vendue par Claude
Moreau à Paul Allart, marchand de verres, le 11 février 1745.
En 1774, la *Verrerie* appartient à Nicolas Lemaire, qui eut
pour successeur son gendre Duhamel.

N⁰ˢ 138 à 141, jusqu'à la rue de Creil. Grande maison de
19 toises de face sur rue (1737), édifiée sur un terrain vendu par
l'Hôpital à Laurent Bulidon le 6 septembre 1728 Hôtellerie à
l'enseigne des *Trois Pigeons*. En 1768, le partage de la succession de Laurent Bulidon divisa la maison en plusieurs lots,
soumis eux-mêmes à des ventes successives dont il serait trop
long d'énumérer la suite Voici comment la propriété est divisée en 1791 :

« N° 138 Louis Gayant, maison, cour, 4 v. 0 p. 10. — N° 139.
Veuve Barthélemy Duhamel, maison et une petite portion de
terrain y attenant, 3 v. 9 p. 6 p. — N° 140. Jacques Borniche,
maison, jardin, 10 v. 11 p 4 p. — N° 141. Jacques Baudet père,

maison, 4 v. 0 p. 11 p. (coin de la rue de Creil). — Cour commune aux n°ˢ 138 à 141, 13 v. 12 p. 6 p. — Dans ladite cour, portion de terrain et bâtiment sans numéro : la veuve Breilly, une portion entre le n° 140 et le sʳ Noël, et un jardin hors de la cour entre les n°ˢ 138 et 139; ces trois parties contenant ensemble 8 v. 1 p. 9 p.; le sʳ Noël, une portion de terrain en suivant la veuve Breilly, 0 v. 8 p. 0 p.; les héritiers Béarel, une portion de terrain proche le puits, 0 v. 16 p. 0 p. ».

RUE DE CREIL

côté occidental, de bas en haut.

« N° 142. Pierre Lecœur, aubergiste, maison et petite cour, 5 v. 12 p. 2 p. ». — N°ˢ 3 et 5 de la rue de Creil.

« N° 143. François-Germain Bahut, maison et petite cour, 9 v. 2 p. — N° 144. Noël, une masure, 1 v. 3 p. 8 p.; Sʳ Minguet, maison et une petite portion de terrain y tenant, 2 v. 5 p. 1 p. — Cour commune aux n°ˢ 143 et 144, 6 v. 4 p. ». — Ancienne maison de Pierre Duchâtel, à laquelle le toisé de 1737 donne 10 toises de face sur rue. Ces maisons disparurent au milieu du xɪxᵉ siècle, lorsque la rue fut fortement élargie en courbe, pour adoucir l'ancienne pente, très droite et raide. Les titres de ces anciennes maisons sont conservés dans les archives de la ville de Chantilly.

« N° 145. Sʳ Beaucerf, maison, 1 v. 8 p. 8 p. ». — Maison construite en 1736, appartenant à la veuve Aubert en 1737 et mesurant 4 toises sur rue. N'existe plus.

« N°ˢ 146 à 148. Veuve Monamy, maison, 2 v. 5 p. 6 p. ». — Cette maison, qui a disparu, appartient en 1734 à Antoine Monamy, maçon auvergnat, et Marie Debeauvais, sa femme, habitant Chantilly depuis douze ans. Il y a plusieurs locataires, dont un « donne à coucher aux pauvres dans une carrière de ladite maison ». Le toisé de 1737 donne à la maison de Monamy 7 toises sur rue.

PLACE DE L'HÔPITAL

« N°ˢ 149 à 156. Robert Cartellier, maisons, cours, jardin, 71 v. 11 p. 4 p. ». — Maison de 30 toises de face sur le côté nord de la place, bâtie par Florent Diot en bordure des 72 verges de terrain à lui rétrocédées par le duc de Bourbon le 30 mars

1730. Il y avait deux hôtelleries dans cette grande maison : du côté de la rue de Creil, *aux Trois Pots;* du côté de l'hôpital, à *la Grâce de Dieu.*

Rue descendant de l'Hôpital

côté oriental.

« N° 157. Veuve Belosse, jardin, 6 v. 16 p. 6 p. ». — Partie détachée de la propriété Duchâtel, dont la maison donnait sur la rue de Creil.

« N° 158. Sʳ Gilquin père, maison, jardin, 3 v. 8 p. 4 p. ». — Partie de la propriété Duchâtel, vendue par Pierre Didru, un des héritiers de Duchâtel, à Marc Gilquin, bourrelier, le 24 septembre 1781.

Côté occidental.

« N° 159. Françoise Bordier, maison, jardin, 7 v. 15 p. — — N° 160. Pierre Bordier, maison, jardin, 8 v. 10 p. ». — Maison bâtie par Jean-Alexandre Bordier, vitrier, sur un terrain à lui vendu par les administrateurs de l'Hôpital le 6 septembre 1728 : « tenant d'un côté aux murs de l'hôpital, d'autre côté à Bulidon (voir quai de la Canardière), par devant sur la rue qui descend de l'hôpital aux trois ponts ».

L'Hôpital

« Nᵒˢ 161 et 162. L'Hôpital, bâtiments et jardin, 6 arpens 108 verges 16 pieds ». — Sur cet établissement, voir mon *Historique des édifices du culte à Chantilly* (Senlis, 1902).

Place Maurice Versepuy

« N° 163. Sʳ Gilquin, maison et jardin, 18 v. 10 p. ». — Maison dite le « château Gaillard », au fond de l'allée qui prolonge la place, édifiée en 1728 par Jacques Alix, dit Saint-Leu, menuisier et tonnelier.

« N° 164. Les héritiers Frigault, maison et jardin, 29 v. 14 p. ». — Maison bâtie par Pierre-Martin Frigault sur un terrain concédé par le prince de Condé le 27 novembre 1776 (maison Gibson).

Rue de Gouvieux

côté du nord.

« Sans numéro. François Guiard, jardin, 14 v. 3 p. ». — Aujourd'hui maison à la suite de la maison Gibson

« N° 165 Sr Frigault, menuisier, maison et jardin, 14 v. 10 p. ». — Maison faisant suite à la précédente, bâtie en 1785 sur un terrain détaché de la propriété Alix (n° 163), et acquise par le menuisier Claude Frigault en 1788.

« N° 166. Claude-Marcel Alix, maison et jardin, 6 v. 3 p. 8 p. — N° 167. Sr Beaucerf, tailleur de pierres, maison et jardin, 14 v. 1 p. ». — Maisons à la suite des précédentes, provenant du démembrement de la propriété Alix. — Entre le n° 167 et la rue des Fontaines, espace libre bâti au XIXe siècle.

Rue de Gouvieux

côté du midi.

« N°s 168-179. François Moreau, chantier, 10 v. 1 p. 11 p.; clos, terre, 1 arpent 109 v. 11 p. 11 p. ; clos, bois, 119 v. 1 p. 3 p. ».

« N° 170. Sr Pincebourg, jardin, 105 v. 15 p. ».

« N°s 171-172. Veuve Moreau, maison et jardin, 37 v. 15 p.; terres, 68 verges ».

« N° 173. Sr Mauny, maison et cour, 6 v. 5 p. ».

« N° 174. Sr Briolat, maison et jardin, 64 v. 13 p. 6 p ; terres, 1 arpent 28 v. 15 p. ».

Rue Saint-Laurent

côté occidental.

« N° 175. Sr Morin, charpentier, maison et jardin, 18 v. 2 p. 3 p. — N° 176. Veuve Dourlin, maison et jardin, 18 v. 2 p. 10 p. — N° 177. Les héritiers Longignard, maison et jardin, 19 v. 1 p. 7 p. — N°s 178-179. Elisabeth Monnard, veuve Herbet, maison et jardin, 18 v. 12 p. 10 p. — N° 180. Philippe Perpette fils, maison et jardin, 18 v. 17 p. 7 p. — N° 181. Veuve Étienne Quenescourt, maison, jardin, 16 v 12 p — N° 182. La même, terres, 100 v. 9 p. (entre la terre de Briolat et la rue de l'Embarcadère).

—·N° 183. Philippe Morin, maison et jardin, 24 v. — N° 184.
Sr Aubry, armurier, jardin, 24 v. » ¹.

Côté oriental.

« N° 185. Jacques Cronier, maison et cour, 3 v. 14 p. —
N° 186. Sr Duchâtel, maison et cour, 2 v. 5 p. — N° 187. François Guiard, maison et jardin, 23 v. 9 p. 4 p. — N° 188. Sr Morin,
charpentier, maison et cour, 16 v. 11 p. 3 p. ».

Paté compris entre la rue de Gouvieux,
la rue et la place de l'Hôpital et la rue de Paris.

« N° 189. Veuve Richette, maison et cour, 6 v. 10 p. —
N° 190. Sr Horaye, maison et jardin, 12 v. 7 p. 9 p. ». — Face à
la rue de Gouvieux, avec retour sur la rue de l'Hôpital. Terrain vendu par Louis de Sarrobert, le 8 avril 1749, au charpentier Antoine Richette. La seconde propriété provient d'aliénations faites par les Richette à Jacques Sallenbien, bourgeois
de Chantilly, qui vendit à Horaye en 1790.

« N° 191. André Hédouin, maison et cour, 9 v. 5 p. 10 p. ». —
Terrain acquis d'Alexandre Legrand par André Hédouin,
maçon, le 23 janvier 1757. Rue de l'Hôpital.

« N° 192. Veuve Métat, maison et cour, 1 v. 5. p. 4 p. ». —
Rue de l'Hôpital ; démembrement de la propriété suivante.

« N°^s 193 à 195. Sr Poirée, cuisinier, maison et cour, 5 v. ».
— Terrain de 7 verges vendu par Alexandre Legrand, le 3 sep-
tembre 1751, à Simon Duval, marchand charbonnier à Versailles : 63 pieds de long sur la rue de l'Hôpital, 36 pieds de
large ou 12 mètres sur la place. A la suite, un terrain de même
longueur, présentant 4 toises ou 8 mètres de face sur la place,
fut vendu par Alexandre Legrand, le 7 janvier 1752, à Jacques
Compagnon, maçon à Vineuil. Le boulanger Jacques Poirée, natif
de Saint-Firmin, possède le tout en 1771. Le partage de sa succession en 1787 mentionne une grande maison et dépendances
tenant d'un côté à la rue de l'Hôpital et par devant sur la
place.

« N°^s 196. Toussaint Bougon, maison, jardin, 17 v. 13 p. 7 p. »

---

¹ Je ne donne pas d'explications quand elles ne feraient que répéter
ce que j'ai exposé dans le texte qui précède.

— Terrains vendus par Alexandre Legrand, le 21 juin, à Jacques Lefrançois, beau-père de Bougon, et, le 6 janvier 1752, à Pierre Auvry, marchand de vin et tonnelier, qui bâtit une maison que ses héritiers vendirent à Bougon le 4 mars 1789.

« Nᵒˢ 197-198. Veuve Belosse, maison, 18 v. 9 p. 5 p. ». — Maison occupant l'angle de la place de l'Hôpital et de la rue de Paris.

« Nᵒˢ 200-201. Sʳ Horaye, de Paris, maison, 10 v. 14 p. ». — Rue de Paris. Maison de Poulain, vendue à Horaye en 1790.

« Nᵒ 202. Jacques Foyen, maison, 4 v. 11 p. 4 p. — Nᵒˢ 203-204. Sʳ Fremont, de Pont, maison, 4 v. 15 p. — Nᵒ 205. Sʳ Dupuis, maison, 3 v. 3 p. — Cour commune aux nᵒˢ 197 à 205, 11 v. ». — Maison bâtie par Alexandre Legrand, partagée en 1780 entre ses deux fils et son gendre, Fremont ; le gendre garda sa part, mais les deux fils vendirent en 1783 à Claude Dupuis, bourgeois de Chantilly, et en 1790 à Jacques Foyen.

« Nᵒ 206. Sʳ Poulain, maison et cour, 8 v. 14 p. ». — Seconde maison de Poulain, cabaret à l'enseigne du *Grand-Empereur ;* angle de la rue de Paris et de la rue de Gouvieux.

A la suite, sur la rue de Gouvieux, le cadastre de 1791 mentionne, sans numéro, le jardin de Pierre Labussière, d'une contenance de 13 verges 12 pieds, et celui de Claude Mortet. Ils représentent l'espace qui séparait la maison Poulain de la maison Richette, c'est-à-dire la partie méridionale du terrain vendu par Legrand à Jacques Lefrançois le 21 juin 1751, partie aliénée par Lefrançois ou par son gendre Bougon.

AVENUE DE LA GARE

côté occidental.

« Nᵒ 207. Veuve Berton (Angélique Godde), maison et jardin, 26 v. 1 p. ». — *Nᵒˢ 3 et 5* de la rue de Gouvieux, et *2* de l'avenue de la Gare. — Hôtellerie à l'enseigne du *Roi d'Angleterre.*

« Nᵒ 208. Charles Carpentier, maison et cour, 14 v. 3 p. ». — *Nᵒ 4* de l'avenue de la Gare.

« Nᵒ 209. Veuve Berton, maison, jardin, 45 v. 10 p. ». — *Nᵒ 6.*

« Nᵒ 210. Firmin Prez, maison et jardin, 51 v. 9 p. 6 p. ». — *Nᵒˢ 8 et 10.* Le 8 représente le terrain concédé à Huet, le 10 celui de François Guiard, qui, en le vendant à Prez, se réserva un lot sur la rue Saint-Laurent et bâtit une maison (n° 187 de 1791).

« N° 211. Joseph Blanchet, maison et jardin, 18 v. 10 p. 10 p. ». — N° 12. — Partie vendue à Duchâtel sur la rue Saint-Laurent (n° 186 de 1791).

« N° 212. Nicolas Rimbert, maison et jardin, 20 v. 15 p. 6 p. ». — N° 14. — Partie vendue à Cronier sur la rue Saint-Laurent (n° 185 de 1791).

« N° 213. Sʳ Allouel, maison et jardin, 26 v. 3 p. ». — Propriété s'ouvrant largement sur la rue Saint-Laurent et en pointe sur l'avenue de la Gare (n° 16).

« Nicolas-Philippe Morin, jardin, 31 v. 15 p. ». — Ce jardin n'est pas encore bâti de nos jours.

« Charles-Victor Aubry, terre, 23 v. 15 p. ». — Moitié de la propriété qui porte le n° 18.

« Friche à S. A. S., 1 arpent 108 verges 15 pieds ». — Cette friche, aliénée révolutionnairement, est occupée par la moitié du n° 18, les maisons 20 et 22, la pointe jusqu'à la jonction des rues, et toute la partie correspondante de l'autre côté de la rue Saint-Laurent, jusqu'à l'ancienne maison Aumont.

« Sʳ Chalot, clos, 1 arpent 66 verges 12 pieds ». — Terrain concédé par le prince de Condé, le 20 mai 1789, à Jacques-Louis Chalot, maître de la Poste. Ancienne maison Aumont.

« Mᵉˡˡᵉ Mignotel, bois Lhermite, 6 a. 2 v. 4 p. ». — Ancien parc Aumont.

« Sʳ Peyrard, bois, 6 a. 85 v. 11 p. ». — Au sud de l'ancien chemin de Gouvieux (rue de l'Embarcadère) et en face du bois Bourillon. Concession du 5 juin 1782.

« Les héritiers Chrétien, bois, 4 verges ». — Petite pièce touchant au bois de M. Peyrard.

« Boquet du bois Bourillon, à S. A. S., 76 v. 12 p. ».

RUE D'AUMALE

direction vers la rue de Paris.

« N° 214. Petit Chenil, à S. A. S., 1 arpent 85 verges 2 pieds ». — Le Petit Chenil se trouvait derrière les maisons 83 à 101 de la rue du Connétable ; l'emplacement en est compris entre le mur oriental du jardin du n° 83, à l'est, et le mur occidental du n° 22 de la rue d'Aumale, à l'ouest. Le n° 24 est le n° 241 du cadastre de 1791 ; nous le rencontrerons tout à l'heure.

« N° 215. Cadet Marchal, maison, jardin, 5 v. 2 p. 11 p. ».
— Maison bâtie dans un jardin clos de murs vendu à Jacques
Marchal, garde-bois, le 29 novembre 1787, par Denis Moreau,
marchand de bois ; fragment du terrain concédé à Jean Binet en
1725. *N° 26* actuel.

« N° 216. Sr Sulpice, maison, cour, 4 v. 2 p. 3 p. ». — Maison
bâtie dans un jardin vendu par Denis Moreau, en 1790, à Antoine-Germain Sulpice, palefrenier ; fragment du terrain concédé
à Binet en 1725. Compris dans le *n° 26* actuel.

« N° 217. Barthélemy Hautin oncle, maison, jardin, 38 v. 3 p.
6 p. ». — Partie du terrain concédé à Henri Bulidon le 16 avril
1724, vendue par Louis Bulidon, le 4 juin 1768, à Barthélemy
Hautin, épicier à Chantilly. *N° 28* actuel.

« N° 218. Jean-Baptiste Fourny, maison, jardin, 12 v. 9 p. ». —
Bout du jardin de la maison Laville-Dromard (n° 3 de la place
de l'Hôpital), acquis par Jean-Baptiste Fourny, bourgeois de
Chantilly, le 19 mars 1774, avec une maison construite entre
1761 et 1770. *N°[s] 30 et 32* actuels.

« N° 219. Jardin de Paul Devailly, 7 v. 8 p. 7 p. ». — *N°[s] 34
et 36* actuels. Paul Devailly était propriétaire de l'hôtellerie du
Grand-Turc, qui comprenait les maisons *5 et 5 bis* de la place
de l'Hôpital (ancienne Gendarmerie et hôtel d'Angleterre). La
propriété fut plus tard divisée ; le jardin de la première maison
fut aliéné et devint le *n° 34* de la rue d'Aumale.

RUE DE PARIS

côté oriental.

« N° 220. Louis Fasquel, maison, cour, 6 v. 14 p. 2 p. ». —
Jusqu'en 1761, la grande route longeait la maison et le jardin
du *Grand-Turc*. Lorsqu'elle fut redressée et prit le tracé actuel
(rue de Paris) à travers le terrain vendu par M. de Sarrobert à
Alexandre Legrand, une portion triangulaire de ce terrain se
trouva comprise entre le nouveau et l'ancien chemin (l'aboutissement de ce dernier est aujourd'hui couvert par le *n° 38* de
la rue d'Aumale). Au printemps de 1764, Legrand vendit ce
terrain triangulaire à Charles Albert, marchand de bois, qui fit
aussitôt construire une grande maison dont une partie fut une

auberge à l'enseigne du *Grand-Monarque*. En 1790, les héritiers de Charles Albert vendirent à Louis Fasquel la partie de cette grande maison qui forme l'angle de la rue d'Aumale (*n*°* *38 bis et 40*) et de la rue de Paris (*n*° *99*) ; ils gardèrent le reste.

« N°ˢ 221-222. Les héritiers Albert, maison, 2 v. 3 p. ». — N°ˢ 7 *et* 5 de la rue de Paris.

« N° 223. Jean-Baptiste Petit, maison, jardin, 17 v. 17 p. 7 p. ». — Emplacement de l'ancien grand chemin, concédé par le prince de Condé, le 19 avril 1765, à Jean-Baptiste Petit, couvreur (*n*°* *3 et 1* de la rue de Paris et *38* de la rue d'Aumale). Petit bâtit aussitôt une maison, où il fit cabaret à l'enseigne de *l'Éventail (n*° *3)*.

« N° 224. Sʳ Pillon, marchand, maison, cour, 4 v. 6 p. ». — Le 8 janvier 1778, Jean-Baptiste Petit vendit à Pierre et François Pillon, marchands bijoutiers et fripiers, une partie de sa maison « et un terrain de 7 toises 3 pieds de long (14 m. 60) à prendre du mur ou pan coupé de la salle susvendue pour aller finir en pointe à l'encoignure du bâtiment de l'hôtellerie du *Grand-Turc* ». N° *1* de la rue de Paris.

<h3 style="text-align:center">Place de l'Hôpital</h3>

« N° 225. Paul Devailly, maison, cour, 57 v. 13 p. 1 p. ». — N°ˢ 5 *et* 5 *bis* de la place. Ces deux maisons sont bâties sur des terrains dépendant anciennement de la grande ferme de Normandie. Une pièce de 3 arpents en avait été distraite en 1624 en faveur de Claude Delapierre ; elle s'étendait en longueur dans la direction du bois Bourillon. Un partage de succession la coupa en deux, dans le sens de la longueur ; la moitié occidentale est possédée en 1681 par Claude Dulude, officier du Grand Condé ; son fils Claude la vendit à Antoine Tonny, charpentier, qui fit construire, au bout septentrional de cet arpent et demi, une maison dite l'hôtel de *Limoges* en 1722 (n° 5, ancienne Gendarmerie). A côté, la terre appartenait au duc de Bourbon, en vertu du contrat par lequel il acquit Normandie le 30 mars 1730. Ce même jour 30 mars, Antoine Tonny céda au duc de Bourbon l'arpent de terre qui continuait son jardin sur la rue d'Aumale et au delà ; en échange, le prince lui abandonna « une pièce de terre de 60 verges (un demi-arpent) tenant d'un côté au mur de pignon et de clôture de la maison dudit Tonny, d'autre côté au grand chemin (l'ancien) de Paris à Creil, d'un bout du midi à S. A. S., et d'autre bout à la place, laquelle pièce de terre contient cinq toises et demie de face (10 m. 72), à laquelle distance ledit Tonny s'oblige de faire un mur qui sera aligné en retour d'équerre sur la face, et le tout conformément aux alignemens et distribution des faces qui lui seront donnés par les officiers de S. A. S. ». Cette largeur est celle de la maison que Tonny fit aussitôt construire pour doubler la sienne (n° 5 *bis*, hôtel d'Angleterre), et le jardin présenta la même largeur du côté de la Pelouse. — En 1734, les deux maisons n'en forment qu'une, qui a pour enseigne *la Providence;* à partir de 1745, c'est le *Grand-Turc.* Antoine Tonny mourut le 12 juin 1746, et la maison échut à celle de ses filles, Marguerite, qui avait épousé (1734) Louis-Frédéric Heurteux, fontainier du duc de Bourbon, fils de Louis Heurteux et de Jeanne Poirée. En 1761, la maison appartient aux enfants de Louis-Frédéric : Louis-Antoine, fontainier du prince de Condé, Charles-Frédéric, ci-devant employé dans les aides à Dieppe, Marguerite, femme de Jean-Baptiste-François Bignon, directeur de la poste aux lettres de Beaumont-sur-Oise. Les frères Heurteux cédèrent leur part à leur beau-frère Bignon, qui, en 1773, vendit la maison du *Grand-Turc* à Paul Devailly et à Catherine-Françoise Bignon, sa femme.

« N° 226. Louis Saligny, maison, 2 v. 3 p. 8 p. — N° 227. Sʳ Dromard l'aîné, maison, jardin, 16 v. 5 p. 3 p. — Cour commune, 3 v. 9 p. ». — La moitié orientale de la pièce de trois arpents acquise en 1624 par Claude Delapierre appartint ensuite à son fils Balthazar, à son petit-fils Claude, et à son arrière-petite-fille Geneviève, femme de Claude Renault, bourgeois de Paris. Les époux Renault en firent don, le 15 janvier 1722, à Louis Laville, maitre maçon limousin établi à Chantilly. Au bout septentrional de cette pièce, Laville fit construire une maison qui est le *n° 3* de la place de l'Hôpital ; nous la trouvons louée en 1734 à Louis Aubert, boulanger et cabaretier, à l'enseigne des *Trois Sabots.* En 1761, la maison appartient à « Louis Laville, piqueur des travaux du prince de Condé » ; il avait édifié une seconde maison au bout de son jardin, face à la nouvelle avenue (rue d'Aumale, *n°ˢ 30 et 32* actuels, n° 218 de 1791, acquis par Jean-Baptiste Fourny en 1774). Le partage de la succession de Laville divisa la maison de la place, dont la partie occidentale échut à Louis Borniche, marchand farinier, et la partie orientale, avec jardin, à Louis Laville fils. Le 14 février 1781, les héritiers de Borniche vendirent à Louis Saligny, cordonnier et épicier. Le 23 juillet 1783, les héritiers de Laville cédèrent leur propriété à Joseph Dromard, épicier, qui s'agrandit en 1790 d'une partie de la maison de Saligny. Quant à l'arpent de terre sur la Pelouse, Louis Laville fils l'avait vendu au prince de Condé le 26 janvier 1776.

« N° 228. Nicolas Camusot, maison, cour, jardin, 68 v. 7 p. ». — *N° 1* de la place de l'Hôpital, et *n° 28* de la rue d'Aumale. — Terrain concédé par le duc de Bourbon, le 16 avril 1724, au maçon Henri Bulidon : « Une place située aux Fontaines, où on tiroit autrefois du sable, contenant 26 toises de face (7 sur la place et 19 derrière les maisons 111 et 109 de la rue du Connétable) sur 38 toises de profondeur (jusqu'à la nouvelle avenue qui est la rue d'Aumale), tenant d'un côté (occident) à Louis Laville, d'autre côté et d'un bout à S. A. S., d'autre bout (nord) au chemin ou rue de l'hôtel de Limoges » (le tracé de la rue du Connétable n'était donc pas encore terminé). Henri Bulidon construisit une maison qui reçut pour enseigne le *Signe de la Croix*. Elle appartient en 1774 à son fils Louis, qui la loue au boulanger Nicolas Camusot; celui-ci en devint propriétaire en 1790. La maison d'habitation, avec porte cochère remplacée aujourd'hui par un couloir, et face à la place de l'Hôpital (*n° 1*), occupait le *côté occidental* du terrain et se trouvait adossée aux bâtiments de Louis Laville (*n° 3*). Les écuries, étable et hangar étaient en face, contre le mur de l'est (derrière le *n° 109* de la rue du Connétable). Le tiers du terrain, face à la Pelouse, fut vendu par Louis Bulidon, le 4 juin 1768, à l'épicier Barthélemy Hautin (voir n° 217); cette nouvelle propriété s'augmenta au xixᵉ siècle des bâtiments situés derrière les maisons 109 et 111 de la rue du Connétable, et appartint à M. Dupressoir, puis à M. Drouyn de Lhuys (*n° 28* de la rue d'Aumale). A côté, le *n° 28 bis* (Borniche) est aussi un morceau démembré de la propriété Bulidon.

Rue du Connétable
de l'ouest à l'est.

« N°s 229-230. René Marchand, maison, jardin, 17 v. 13 p.
5 p. ». — Terrain de 19 toises de long sur 8 toises 2 pieds de
large concédé par le duc de Bourbon, le 10 novembre 1732, à
Nicolas Marchand, paveur. Marchand fit construire la maison
qui porte le *n° 109*; le *111* ne fut édifié qu'au xixe siècle.

Les articles suivants du cadastre de 1791, 215 à 217 (*24 à 28*
de la rue d'Aumale), *228 à 230*, que nous venons de rencontrer,
et 231 à 251, que nous allons étudier (*103 à 111* de la rue du
Connétable et *n° 1* de la place), occupent trois arpents de terre
dépendant à l'origine de la maison de Normandie et vendus
vers 1620 par Michel Gérard, propriétaire de ce domaine, à
Bertrand Carrière, habitant de Quinquempoix. En 1662, ils
appartiennent à la veuve Leroux, en 1684 à Nicolas Maignan,
laboureur, et Henri Lejeune, chirurgien, qui les vendirent en
1692 à Nicolas Boullemer de Lamartinière, receveur de la seigneurie de Chantilly. Le prince de Condé les acquit vers 1695
pour en faire extraire le sable nécessaire à ses constructions.

En 1725, le duc de Bourbon, qui, l'année précédente, avait
donné une partie de ce terrain au maçon Bulidon, concéda le
reste au charpentier Jean Binet, surnommé Berrichon parcequ'il était originaire du Berry, et celui-ci devint ainsi propriétaire de tout le terrain occupé de nos jours par les *n°s 103 à 107*
de la rue du Connétable et *24 à 26* de la rue d'Aumale.

Jean Binet construisit aussitôt des bâtiments sur la grande
rue, une maison au milieu de la cour, et des dépendances
autour de cette cour, dont la plus grande partie fut divisée en
jardins. Il n'est guère possible aujourd'hui de se rendre compte
de la disposition de ces premiers bâtiments autour de cette cour,
où les constructions se sont multipliées par la suite, réduisant
la cour au passage qui a été nommé cour des Miracles à
l'époque de la Révolution.

De 1734 à 1748, la maison de Binet a pour enseigne *l'École.*
Le 12 mai 1759, Denis Moreau, marchand de bois, achète
toute la propriété. En 1774, il y a dix-huit locataires, dont un
qui tient un cabaret sur la grande rue, à *la Chasse Royale.* —
Le 14 décembre 1771, Denis Moreau vendit la partie sud-

orientale de sa propriété à M. Peyrard, ancien principal concierge du château et maître de la manufacture de Porcelaines : un grand jardin regardant la Pelouse, avec maison au fond ayant son entrée au milieu de la cour des Miracles (n° 24 de la rue d'Aumale). — La maison (avec jardin) comprise entre la propriété Peyrard et la grande rue fut vendue par Denis Moreau, le 29 décembre 1787, à Charles Lorrain, inspecteur des bâtiments du prince de Condé (n° 103 de la rue du Connétable). — Le 29 novembre 1787, Moreau vendit à Jacques Marchal, garde-bois de la gruerie de Chantilly, un jardin attenant à la ruelle (angle sud-occidental); à côté, un autre jardin fut vendu, en 1790, à Antoine-Germain Sulpice, palefrenier : ces deux articles sont représentés par les n°s 215 et 216 du cadastre de 1791, qui divise ainsi le reste de la propriété :

« N°s 231-232. Veuve Denis Moreau, maison, cour, 8 v. 3 p. 2 p. ». N° 107 de la rue du Connétable. — « N°s 233 à 240, 234 à 249 Denis Moreau, maison, 28 v. 11 p. 3 p. ». Maisons au fond et sur le côté occidental de la cour des Miracles. — « N° 241. Pierre Peyrard, maison, jardin, 48 v. 5 p. 4 p. ». Maison dans la cour des Miracles, côté oriental, avec jardin jusqu'à la rue d'Aumale (n° 24). — « N° 242. Charles-Étienne Antheaume, maison, 13 p. 8 p. ». Très petite maison dans la cour, devant la maison Peyrard. — « Cour commune des n°s 233 à 249, 17 v. 6 p. 11 p. ». — « N° 250. Denis Moreau (le jeune), maison, cour, 13 v. 4 p. 9 p. ». N° 105 de la rue du Connétable. — « N° 251. Sr Lorrain, maison, cour, 8 v. 14 p. 3 p. ». N° 103 actuel.

Suivent les maisons édifiées sur les terrains concédés par le duc de Bourbon le 12 décembre 1727, n°s 252 à 266 du cadastre de 1791.

« N° 252. Veuve Nicolas Alix, maison, jardin, 6 v. 4 p. — N° 253. Charles Léger, maison, jardin, 5 v. 13 p. 2 p. — Cour commune, 16 pieds. ». — Terrain concédé au serrurier Charles Léger. N° 101 actuel.

« N° 254. Louis Baudet, maison, jardin, 2 v. 17 p. 2 p. — N° 255. Jacques Baudet, maison, jardin, 1 v. 11 p. 3 p.; Jean-François Beaucerf, jardin, 1 v. 14 p. 5 p. ; François Fouchet, jardin, 1 v. 11 p. 3 p. — Cour commune, 2 v. 11 p. 4 p. ». — Terrain concédé à André Baudet, scieur de long. N° 99.

« N° 256. Jean-François Beaucerf, maison, cour, jardin, 12 v.
6 p. ». — Terrain concédé à Jacques Baudet, scieur de long.
Cabaret à l'enseigne de *la Croix Blanche*. La veuve de Jacques
Baudet, Marguerite Tard, eut pour héritière Marie Tard,
femme de Jean Beausin, cordonnier. Ceux-ci vendirent la maison,
en 1763, à Jean-François Beaucerf, tailleur de pierre *N° 97*.

« N°⁵ 257-258. Jean-Pierre Devaux, maison, cour, jardin,
18 v. 9 p. — N° 259. Veuve Devaux, maison, jardin, 8 v. 0 p.
1 p. ; Rieul Damien, maison, 6 v. 16 p. 9 p. — Cour commune du
n° 259, 3 v. 16 p. 4 p. ». — Terrain concédé à Jean Devaux
l'aîné, maçon à Vineuil, et à son fils Jean, maçon à Chantilly.
Deux cabarets : à l'ouest, le *Mouton Couronné* ; à l'est, les *Trois
Couronnes*. Une partie de la maison orientale fut acquise
en 1784 par Nicolas Damien, orfèvre à Pont-Sainte-Maxence.
N°⁵ 95 et 93.

« N°⁵ 260-261. Jean-Baptiste Monnaye, maison, cour, jardin,
18 v. 2 p. 10 p. ». — Partie occidentale du terrain concédé au
menuisier Jean Mille. Part d'héritage de Marie-Henriette Mille,
femme de François Gravant, « inventeur des porcelaines de
France à la manufacture royale de Sèvres », acquise en 1756
par le menuisier Robert Mongé. Le 10 juillet 1784, Nicolas-
Pierre Mongé, bourgeois de Paris, et Jacques-Robert Mongé,
menuisier à Versailles, vendent la maison à Jean-Baptiste Monnaye, marchand drapier-mercier à Chantilly. *N° 91*.

« N° 262. François Moreau, maison, cour, jardin, 18 v. 2 p.
10 p. ». — Partie orientale du terrain concédé à Jean Mille.
Le 21 février 1784, Louis-Vincent Mille, ancien huissier en la
prévôté de l'hôtel du roi, vendit sa maison à François Moreau,
marchand de bois à Chantilly. *N° 89*.

« N°⁵ 263-264. Sʳ Toupet, maison, cour, 6 v. 9 p 2 p ». —
Partie occidentale du terrain concédé au serrurier Jacques
Toupet. *N° 87*.

« N° 265. Jean Petit, maison, cour, 6 v. 9 p. 2 p. ». — Terrain
vendu par Jacques Toupet à Étienne Vieilleville le 28 avril 1728.
En 1745, il y a un cabaret à l'enseigne de *la Belle-Image*. La
maison fut acquise, le 7 septembre 1785, par Jean Petit,
tonnelier à Chantilly. *N° 85*.

« N° 266. Sʳ Patin, maison, cour, jardin, 28 v. 16 p. 10 p. ».

— Terrain concédé à François Cauchot, maçon tailleur de pierres, et par lui vendu, le 16 janvier 1728, à Antoine Tonny. Il y a une brasserie en 1734, une auberge en 1737, à l'enseigne des *Treize Cantons* (parceque le tenancier était Suisse) ; en 1745, cette enseigne a été remplacée par le *Dauphin Couronné;* en 1752, c'est le *Pilon d'Or.* Après la mort d'Antoine Tonny et de Marguerite Sauvage, sa femme, la maison échut (1748) à leur fille Élisabeth, alors veuve de Nicolas Heurteux, fontainier du prince de Condé. Le fils de Nicolas, Antoine-Nicolas, marié à Élisabeth-Françoise Gravant, vendit la maison, le 4 avril 1777, au boulanger Sulpice Garin, dont la fille, Catherine-Thérèse, épousa le maçon Charles-Louis Mô. Ceux-ci vendirent la maison, le 30 septembre 1788, à Pierre-François-Bernard Patin, notaire à Chantilly, qui résilia les baux et s'y intalla : ce fut la fin du *Pilon d'Or. N° 83.*

« N° 267. Denis Moreau. maison, cour, jardin, 52 v. 5 p. 11 p. ». — Terrain concédé par le prince de Condé, le 25 janvier 1772, à Antoine-Nicolas Pinchon, maître menuisier à Paris, qui le vendit à Denis Moreau, marchand de bois à Chantilly, le 8 mars 1784. *N°ˢ 81 et 79.*

« N° 268. Veuve Pinchon, chantiers, 55 v. 1 p. 4 p. ». — Terrain concédé, le 25 août 1769, à Pierre et Marie-Catherine Brebant, et par eux vendu, le 7 février 1773, au menuisier Pinchon. *N°ˢ 77 et 75,* et, en retour, la moitié de la face de l'avenue de Condé.

« N° 269. Sʳ de Liévreville, maison, jardin, 19 v. 14 p. 9 p. ». — Terrain concédé, le 18 septembre 1785, à Nicolas-Charles Servoisier, et par lui vendu, le 19 juillet 1786, à Charles Fieffé de Liévreville. *N° 73,* comprenant, en retour, la moitié de la face orientale de l'avenue de Condé.

« N° 270. Sʳ Servoisier, maison, jardin, 27 v. 7 p. 2 p. ». — Terrain concédé, le 18 septembre 1785, à Nicolas-Charles Servoisier, employé au Trésor de la Marine à Paris. *N° 71.*

« N° 271. Sʳ Flamant, maison, jardin, 19 v. 16 p. 8 p. ». — Terrain concédé, le 18 septembre 1785, à Jean-Baptiste-Michel Pelisson, marchand chandelier à Chantilly ; par lui vendu, le 15 octobre 1788, à Gilles Merckx, tailleur, et par celui-ci à Flamant en 1790. *N° 69.*

« N° 272. Sr Champagne, maison, jardin, 17 v. 5 p. 10 p. ».
— Terrain concédé, le 18 septembre 1785, à Pierre-Toussaint
Servaty, dit Champagne, menuisier à Chantilly. N° 67.

« N° 273. Sr Blampied, maison, jardin, 24 v. 16 p. 4 p. ». —
Terrain concédé, le 18 septembre 1785, à Claude-Pierre Blampied, garçon des appartements du château. *N° 65 et partie du 63.*

« N° 274. S^r d'Andigné de la Chasse, maison, jardin, 21 v.
8 p. 8 p. ». — Terrain concédé, le 18 septembre 1785, à Lambert-Louis Deshayes, garde des cabinets d'Histoire naturelle
du prince de Condé, et par lui vendu, le 31 août 1790, à Joseph-
François d'Andigné de la Chasse, ancien évêque de Châlon-
sur-Saône. *N° 63,* Hôtel-de-Ville (avec retour sur l'avenue du
Bouteiller).

« N° 275. Pierre Wandabord, maison, 3 v. 9 p. 2 p. — N° 276.
Veuve Jean-Jacques Letellier, maison, 6 v. 7 p. 4 p — N° 277.
Sr Dusignon, maison, 4 v. 8 p. 4 p. — Cour commune, 3 v.
12 p. 3 p. ». — Terrain de 5 toises 5 pieds du côté de la rue et
de 8 toises du côté de la Pelouse, concédé à Edme Letellier,
dit Aimé, boulanger, par acte du 30 mars 1732, mais effectivement deux ans plus tôt. Un partage de succession divisa la
maison en 1769. Pierre Vandenborre avait épousé Françoise-
Félicité Letellier, dont la sœur Marie-Angélique était la femme
du tailleur Nicolas-Paul Dusignon. *N° 61* (avec retour sur
l'avenue du Bouteiller).

« N°s 278 à 280. Veuve Deville, maison, cour, jardin, 22 v.
16 p. 6 p. ». — Terrain concédé, le 15 juillet 1729, à Angélique
Delamarre, veuve du charron Henri Aubin, dont une fille,
Charlotte-Françoise, épousa Pierre Deville, dit Freta, frotteur
des appartements du château. *N° 59.*

« N° 281. Maison, cour, jardin, à S. A. S., 19 v. 10 p. 6 p. ». —
Terrain concédé, le 20 avril 1726, à Louis Polhaye, mercier,
dont la fille, Marie-Jeanne-Ursule, épousa le premier entrepreneur de la manufacture de porcelaines, Cicaire Cirou.
Celui-ci mourut seigneur de Rieux-sur-Oise. Son fils vendit la
maison de Chantilly au prince de Condé le 30 juillet 1777.
N°s 57 et 57 bis.

« N°s 282-284. Veuve Denis Moreau, maison, cour, jardin,
24 v. 12 p. ». — Terrain concédé, le 22 avril 1726, à Jean-Bap-

tiste Bordier, couvreur, dont la fille épousa Michel Dubief,
concierge du château d'Écouen. Dubief vendit la maison à
Denis Moreau, marchand de dentelles. *N° 55.*

« N°ˢ 285-286. Barthélemy Hautin le jeune, maison, jardin,
16 v. 7 p. 7 p. — N° 287, Clément Caillole, maison, jardin, 8 v.
1 p. 4 p. — Cour commune, 6 v. 13 p. 7 p. ». — Terrain concédé,
le 12 décembre 1727, à François Lécuyer, maçon tailleur de
pierres, qui en céda une partie à son père Mathieu, aussi maçon ;
tous deux bâtirent. Il y a en 1734 deux cabarets sur la rue, à
l'est le *Grand Duc de Bourbon*, à l'ouest le *Grand Écuyer de
France ;* le premier cabaret disparaît au bout de deux ans.
Après la mort de Mathieu Lécuyer, le quart oriental de l'ensemble appartient à son fils Louis, tout le reste à son autre
fils François ; en 1748, on y trouve 14 ménages et 48 personnes.
La maison de Louis devint, vers 1770, la propriété de Clément
Caillole, marchand forain. La fille unique de François, Angélique, épousa l'épicier Barthélemy Hautin, oncle du propriétaire de 1791. *N°ˢ 53 et 51.*

« N°ˢ 288-289. Veuve François Moreau, maison, 2 v. 1 p. 4 p.
— N° 290. Claude Mortet, maison, jardin, 6 v. 8 p. 7 p. — (Derrière). Les héritiers Louis Blampied, maison, 2 v. 6 p. 6 p. —
Veuve Durandet, une portion de terrain, 14 pieds. — Cour
commune, 3 v. 5 p. 7 p. ». — Terrain concédé, le 8 novembre
1729, à Louis Trimolet, maçon tailleur de pierres, qui le vendit, le 16 mars 1730, à Jean Rougemont, lequel céda aussitôt
son acquisition à Charles Vaudier, menuisier. Maison à l'enseigne du *Rabot d'Or ;* abrite 7 ménages et 24 personnes en
1756, dont le gendre de Vaudier, Louis Blampied. Charles
Vaudier et Louise-Angélique Dumay eurent aussi un fils,
Charles, qui eut lui-même quatre enfants, Charles-Alexis-
François, et trois filles mariées à : François Moreau, entrepreneur de bâtiments, Claude Mortet, contrôleur de la vénerie du
prince de Condé, et Mathieu Ferry, palefrenier. Une fille de ce
Mathieu Ferry épousa Jean-Baptiste-Michel Durandet, piqueur
des écuries du prince. L'héritage de Vaudier échut à son beau-
frère Mortet. *N°ˢ 49 et 49 bis.*

« N° 291. Veuve François Brebant, maison, 2 v. 9 p. 6 p. —
(Derrière). Sieur Lorrain, maison, jardin, 5 v. 5 p. 2 p. — N°ˢ 292-

293. Les héritiers François Rimbert, maison, 3 v. 5 p. 10 p. — (Derrière). Veuve François Moreau, maison, jardin, 4 v. 16 p. 5 p. — Cour commune, 4 v. ». — Terrain concédé, le 15 juillet 1729, à Claude Moreau, maçon tailleur de pierres à La Morlaye. Maison à l'enseigne de *Saint-Nicolas*. Claude Moreau eut deux fils, François et Denis, maçons, et deux filles mariées à François Brebant, épicier, et à François Rimbert, marchand de bois. Ce Rimbert eut un fils, François, et une fille, Marie-Jeanne, qui épousa Charles Lorrain, inspecteur des bâtiments du prince de Condé. Les deux Moreau, Lorrain et Brebant habitent la maison en 1756, avec six locataires, soit 10 ménages et 28 personnes. Denis Moreau vendit sa part à son neveu François Rimbert. N° 47.

« N° 294. Sieur Rollet, maison, 3 v. 0 p. 1 p. — (Derrière). Sieur Belosse, maison, jardin, 6 v. 17 p. 7 p. — N°⁵ 295-296. Sieur Levasseur, maison, 4 v. 2 p. 1 p. — (Derrière). Sieur Leroux, maison, jardin, 6 v. 15 p. 10 p. — Cour commune, 6 v. 1 p. 11 p. ». — Terrain concédé, le 20 avril 1726, à Pierre Devaux, maçon tailleur de pierres à Chantilly. Maison à l'enseigne de *la Hure*. En 1761, elle appartient par moitié aux gendres de Pierre Devaux, Pierre Creton, dit Fanfare, marchand de bois, et Étienne Rollet, piqueur du duc de Bourbon. La fille de Rollet épousa Jacques Belosse, marchand de vins. Les deux filles de Pierre Creton épousèrent Joseph Levasseur, inspecteur des écuries du prince de Condé, et Nicolas-Michel Leroux, écuyer courtier du comte d'Artois. Du côté occidental, Antoine Rollet garda la partie sur rue (n° 45), et Belosse le fond avec jardin. Du côté oriental, Levasseur eut la maison sur rue (n° 43), et Leroux la partie sur Pelouse avec jardin.

« N° 297-298. Sieur Ardaillon, maison, cour, jardin, 20 v. ». — Terrain concédé, le 20 avril 1726, à Jacques Pavie, qui construisit une maison et la vendit, le 17 avril 1730, à Charles Thomas, chef de cuisine de la duchesse douairière de Bourbon. Maison à l'enseigne de *la Croix-Blanche*, louée en 1734 à François Crosnier, dit Lavallée, marchand de chevaux et aubergiste. Après la mort de M. Thomas, la maison appartint à Pierre Ardaillon, officier de fourrière chez le roi, demeurant à Versailles. N° 41.

« N°s 299-301. Veuve Louis Laville, maison, 6 v. 2 p.
8 p. — (Derrière). Veuve Béthancourt, maison, jardin, 4 v. 15 p.
10 p. — N° 302. Jean-François-Denis Breteuil, maison, 3 v.
5 p. 1 p. — (Derrière). Guillaume Leportier, maison, jardin,
9 v. 5 p. 7 p. — Cour commune, 4 v. 7 p. 7 p. ». — Terrain
concédé, le 20 avril 1726, à Charles Doucet, boucher à Vineuil.
Maison à l'enseigne de *Saint-Louis*, boucherie et cabaret.
En 1761, la maison est divisée entre Madeleine Dallichamp,
veuve d'Antoine Doucet, qui a seule le droit de vendre du vin,
Gabriel Doucet, boucher, et Marie-Suzanne Doucet, femme
d'Henri-Augustin Dupuis, marchand drapier. Le 2 mars 1771,
la maison de Madeleine Dallichamp fut acquise par Guillaume-
Pierre Leportier, maître taupier à Vineuil. Trois ans après,
les créanciers de Gabriel Doucet ayant obtenu la saisie de ses
biens, Leportier se fit adjuger, le 7 mai 1774, la partie de la
maison de Gabriel donnant sur la Pelouse ; la partie sur rue
fut adjugée à Étienne-Thibault Lefèvre, boulanger à Chantilly,
auquel succéda, en 1790, le sieur Breteuil, jardinier du prince
de Condé (*n° 37*). Le tiers occidental de la maison (côté sur rue)
appartient encore au sieur Dupuis en 1774 ; ce tiers est loué à
Pravansier, épicier, à Gouverneur, cordonnier, et à Auboin,
palefrenier. La veuve de Louis Laville succède au sieur Dupuis
en 1790 (*n° 39*). En 1779, le corps de logis donnant sur la
Pelouse est divisé entre Guillaume-Pierre Leportier, aubergiste à Chantilly (côté occidental), et Jacques Béthancourt,
lieutenant des chasses du prince de Condé à Écouen.

« N° 303. Melle Lambert, maison, cour, 4 v. 14 p. 8 p. —
N°s 304-305. Sieur Heussée, maison, cour, jardin, 40 v. 6 p.
5 p. ». — Terrain concédé, le 20 avril 1726, à Jacques Lambert,
marchand à Saint-Firmin. Hôtellerie à l'enseigne de *l'Ange*.
En 1761, la maison appartient à Louis-Claude Lambert, garde
des chasses du prince de Condé, en 1774 à ses filles Marie-Julie
et Louise, qui louent l'auberge de *l'Ange* au boucher Duhamel,
ont cinq autres locataires, dont la femme de Boivin, « cadet
à l'hôpital », et occupent le reste de la maison. Le 5 novembre
1788, une des demoiselles Lambert étant morte, la survivante
garde une partie de maison sur rue et vend l'hôtellerie
de *l'Ange* à Florent-Jean Heussée, chef d'office du prince de

Condé, qui devint plus tard maître d'hôtel du prince Borghese et le suivit à Turin. *N°s 35, 33 et 31* actuels.

« N°s 306-308. Veuve Henri Aubry, maison, cour, jardin, 25 v. 15 p. 10 p. ». — Terrain concédé, le 8 mai 1727, à Jean Aubry, maître serrurier du prince de Condé, qui habitait l'hôtel de Quinquempoix ; aussi la maison qu'il fit construire fut-elle louée ; elle abrite, en 1734, huit ménages comprenant dix-neuf personnes. L'immeuble appartint ensuite à Geneviève Chrétien, veuve de Jean Aubry, puis à leur fils Henri, aussi serrurier, qui, en 1774, l'occupe avec plusieurs locataires, dont le perruquier Briolat. La veuve d'Henri Aubry est Jeanne-Louise Chevau. *N° 29* actuel.

« N°s 309-310. Pierre-Noël Seguin, maison, cour, jardin, 14 v. 3 p. 11 p. ». — Terrain concédé, le 14 juillet 1729, à Guillaume Marlin, maréchal à Chantilly, qui fit édifier une maison où il y eut un cabaret à l'enseigne de *la Belle-Image* (côté occidental sur rue). Le 21 avril 1731, Guillaume Marlin vendit l'immeuble à François Raimbaud, maçon, et se réserva une boutique sur rue (côté oriental). François Raimbaud vendit sa propriété en deux fois, le 9 avril 1732 et le 5 juin 1751, à Louis Guérin, charpentier, qui acheta aussi la boutique de Marlin. En 1774, l'enseigne du cabaret est *l'Image Notre-Dame*. Le 7 juillet 1787, la veuve Guérin et ses enfants vendirent l'immeuble à Pierre-Noël Seguin, maître serrurier. *N° 27* actuel.

« N° 311. André Vion, maison, 2 v. 1 p. 8 p. — N°s 312-313. Pierre-Charles Charron, maison et jardin, 14 v. 8 p. 2 p. — Cour commune, 4 v. 9 p. ». — Terrain concédé, le 30 mars 1730, à Pierre Lefrançois, entrepreneur de bâtiments à Chantilly. Cabaret à l'enseigne du *Pélican*. La maison est occupée en 1734 par le propriétaire et sept locataires. En 1745, il y a 12 ménages comprenant 47 personnes, dont la veuve Lefrançois, Élisabeth Fargant, propriétaire et cabaretière. Le 31 décembre 1754, Jacques Vion, épicier, savoyard de nation, acquit de la veuve Lefrançois la partie de la maison qui donnait sur la rue, à droite de l'entrée. Le reste appartint ensuite au gendre de Lefrançois, Pierre-Charles Charron, dit l'Émerillon, piqueur du vautrait du prince de Condé. L'auberge du *Pélican* occupait le côté gauche de l'entrée. *N° 25* actuel.

« N° 314. Sieur Leroy. N° 315. S' Baudet, à S. A. S., 31 v. 12 p. ». — Pavillon et maison voisine (presbytère), appartenant au prince de Condé, qui en faisait un magasin ou garde-meubles et y logeait des employés. Citons les dénombrements de 1734, 1745, 1752 et 1774 : « 1734, pavillon des Magasins ; partie de ce pavillon est occupé par Jean-Christophe Muller, dit Meusnier, allemand, chasseur de S. A. S., et une femme qui le sert ; il y a un petit bâtiment séparé et en dépendant, occupé par le s' Hanot, inspecteur des ouvrages de Chantilly. 1745, dans le pavillon, le s' Leroy (Jean), intendant des bâtiments ; le s' Delavigne, géographe de S. A. S. ». 1752, Leroy, Delavigne ; dans le logement séparé, le s' Manoury, inspecteur des chasses. 1774, M. Leroy (Jean-François), inspecteur des bâtiments et jardins, et Mme Leroy, sa mère ; M. de Lamartinière, inspecteur des chasses. — Aliénés sous la Révolution, ces bâtiments ont fait retour au Domaine de Chantilly, l'un tout récemment (*N° 23*).

« N° 316. S' de Contye. — N° 317. Cour allant à l'Écurie ». — Le chevalier de Contye, capitaine de Chantilly, habitait le pavillon du Nord (*n° 17*).

« N° 318. Jean Petit, maison, cour, 17 v. 3 p. 10 p. ». — Ancien hôtel de *l'Épée*, situé dans la partie orientale de la cour de la Régie (*n° 15*), acheté et démoli par M. le duc d'Aumale. Cette maison avait été bâtie en même temps que l'église pour une communauté de Filles Rouges qui l'occupa jusqu'en 1708. Elle fut ensuite concédée par le prince de Condé au maître maçon Jean Lemaire et vendue par la veuve de celui-ci, le 6 janvier 1711, à Anne-Frédérique Sauvage, veuve de Pierre Tonny, « maître charpentier des bâtiments de S. A. S. et greffier de l'assemblée (conseil de paroisse) à Chantilly », mort en 1708 : « une maison et petit jardin derrière, sise proche l'église, y tenant d'un côté et au cimetière, d'autre côté à la campagne ». La veuve Tonny s'y installa avec un nouveau mari, Pierre Quévreux, et en fit une hôtellerie à l'enseigne de *l'Épée Royale*. La maison fut possédée en indivision par les nombreux héritiers issus des deux mariages jusqu'au 8 février 1772, jour où elle fut adjugée par licitation à François Camus. Le règlement de la succession de Camus nécessita une autre vente par licitation, et *l'Épée Royale* fut adjugée, le 6 octobre 1790, au tonnelier Jean Petit. Sous la Révolution, Petit acquit le terrain de l'ancien cimetière, et, après la profanation de l'église, il réussit à sauver les cœurs des princes de Condé, qu'il cacha dans sa cave jusqu'à la Restauration.

« L'église et le cimetière, 36 v. 5 p. 10 p. ».

« N° 319. Jean Delaitre pour trois quarts, et l'autre quart aux héritiers Testelin, maison, cour, 11 v. 15 p. 8 p. ». — Terrain concédé par le Grand Condé, le 18 juin 1684, à Claude Durand, un de ses porteurs de chaise, qui fit construire l'hôtellerie du *Cygne*. Sa fille Marguerite épousa Nicolas Lhermite. En 1734, la maison est occupée par les propriétaires ; ils ont sept locataires ; en tout, 8 ménages et 18 personnes. En 1752, la maison appartient aux filles de Nicolas Lhermite, mariées à Claude Couvreur, chargé de l'entretien de la forêt d'Halatte, demeurant à Fleurines, et à André Mignotel, contrôleur des bâtiments du roi à Compiègne. L'hôtellerie est louée en 1756 à Étienne Quénescourt, en 1774 à Robinot, puis à Jean Delaitre. Le 13 janvier 1786, les héritiers Mignotel vendirent à Delaitre la moitié indivise du *Cygne* ; l'autre moitié appartenait aux sieurs Couvreur, Testelin et Vaillant, héritiers de Claude Couvreur. Un quart fut acquis par Delaitre en 1790 ; le dernier quart appartient encore à Testelin au printemps de 1791. C'est aujourd'hui la propriété de M. Mauclair (*n° 11*).

« N° 316. Sieur de Contye. — N° 317. Cour allant à l'Écurie. — N° 320. Sieur de Mintier. — N° 321. Sieur Aubry. — N° 322. Sieur Allouel. — N° 323. Sieur de Lamartinière. — N° 324. Sieur Peyrard. — Le tout, compris les chenils et cour, écuries et cours et le manège, à S. A. S., 3 arpens 95 verges 1 pied 5 pouces ». — M. de Mintier, premier écuyer du prince de Condé, occupait la maison *n° 9* ; M. Aubry, armurier, le *n° 7* ; M. Allouel, chirurgien, le *n° 5* ; M. Boullemer de Lamartinière, lieutenant des chasses, le *n° 3* ; M. Peyrard, gruyer, le *n° 1*. Nicolas-François Peyrard mourut dans cette maison le 16 avril 1791, peu de jours après la confection du cadastre. Nous avons indiqué l'origine de ces maisons dans la première partie de ce travail, et dit plus haut comment elles furent acquises par le prince Henri-Jules en 1707 et 1708.

La Révolution.

La Révolution donna de l'air à la ville de Chantilly, et lui permit de se développer, au sacrifice, il est vrai, des splendides jardins créés par Le Nôtre et embellis sans interruption pendant un siècle.

Le 17 juillet 1789, le prince de Condé, accompagné de son fils et de son petit-fils, le duc de Bourbon et le duc d'Enghien, quitta précipitamment Chantilly et la France. Ce n'est pas ici le lieu de juger l'opportunité de l'émigration ni les mobiles qui la décidèrent; disons seulement que les pronostics de ceux qui fuyaient devant la tourmente pour la mieux combattre et la vaincre, furent singulièrement démentis par les événements. Le prince de Condé ne prévoyait pas que son absence, qu'il pensait devoir être courte, se prolongerait jusqu'en 1814, un quart de siècle.

Les propriétés du prince furent administrées en son nom jusqu'au séquestre et à la confiscation prononcés par les lois des 9 février et 8 avril 1792. Les forêts entrèrent dans le Domaine Extraordinaire de l'État; quant aux maisons, terres, jardins et prés, on en prépara l'aliénation par un important travail d'estimation et de lotissement. En attendant l'achèvement de ce travail, qui devait prendre beaucoup de temps, les membres du directoire du district de Senlis voulurent tirer parti des portions des parcs et jardins susceptibles de produire un revenu. Dès le mois de juillet 1792, le Hameau et les prairies voisines furent loués à un Anglais, Christophe Potter, à qui M. Antheaume de Surval venait de vendre la Manufacture de Porcelaines [1]. Puis ce fut le tour des potagers et du ver-

---

[1] On lit dans *la Société sous le Directoire*, de M. de Goncourt : « Le citoyen Peters (*sic* pour Potter), entrepreneur de la manufacture de Chantilly et propriétaire du hameau qui se trouve dans les jardins du prince, fait réparer à grands frais ce joli endroit pour y recevoir sa bienfaitrice, la célèbre Cabarrus » (Thérèse Cabarrus, Mme Tallien). — Disons d'autre part que le nom de « Hameau de Chantilly » fut alors donné à l'ancien

ger ; les jardiniers du prince de Condé qui en avaient l'entretien en devinrent locataires : Camus, Fromentin, Breteuil, les deux premiers logés dans l'hôtel de Quinquempoix.

La rue actuelle des Potagers n'existait pas encore. L'entrée des potagers se trouvait plus loin (n° 58 de la rue du Connétable) ; entre ce passage et l'hôtel de la Capitainerie (n° 14), se développait le grand potager ou potager haut, limité au nord par le mur du bois de la Tenaille et celui de l'ancienne Faisanderie, c'est-à-dire par le mur de la propriété de Mme Chapard. Ce grand potager était divisé en deux parties longitudinales ; la partie méridionale, attenant aux maisons de la place du Marché et limitée à l'ouest par l'hôtel de Quinquempoix, comprenait la Figuerie (derrière les n°s 24 à 40) et la Melonnière, qui bordait la rue (emplacement du n° 46) ; la Figuerie était ornée d'un double bassin avec buffet, nommé la Lunette (derrière les n°s 28 et 30) ; la partie septentrionale, jusqu'au mur, entre le jardin de la Capitainerie et le vieux passage des Potagers, comprenait le potager proprement dit.

Le jardin de la Capitainerie, dont l'usage appartenait au capitaine de Chantilly (alors le chevalier de Contye), s'étendait derrière les maisons 14 à 22 ; l'entrée de ce jardin est aujourd'hui occupée par le n° 16. Au delà, le bois de la Tenaille, ainsi nommé à cause d'un bassin en forme de tenaille dont les bords gazonnés lançaient des jets d'eau intermittents (il en reste l'excavation), forme la partie orientale de la propriété de Mme Chapard, dont la partie occidentale est l'ancienne Faisanderie, supprimée en 1774 et convertie en jardin fleuriste, dit aussi la petite Figuerie, avec le « pavillon romain ».

Limité à l'est par le jardin fleuriste et l'entrée des potagers (n° 58), le verger du prince s'étendait jusqu'à l'avenue de la Grille Princesse (avenue du Bouteiller), derrière les maisons 60 à 72. Descendant au dessous de la demi-lune de cette dernière avenue, il était traversé par la partie de l'allée des Cascades qui est aujourd'hui la rue des Cascades prolongée. Au

---

hôtel d'Évreux à Paris, aujourd'hui le palais de l'Élysée. Les journaux du temps annoncent souvent des fêtes et bals publics à ce « Hameau de Chantilly ».

delà, c'était le potager bas, dont la largeur était de 87 mètres environ entre le verger et l'allée du canal Saint-Jean.

L'ensemble fut réparti en trois lots pour être loué, le 9 avril 1793, aux trois jardiniers qui en avaient l'entretien :

1° Au citoyen Camus, avec un logement à Quinquempoix. — « Grand Potager, 2 arpens et demi, compris les allées et bassins, dont un arpent et demi et 13 perches en culture, divisé en six parties par des murs de refend tous garnis de poiriers, abricotiers, ceps de vigne et autres arbres à fruits au nombre de 563. — Verger, 5 arpens, dont 3 arpens 57 perches en culture, déduction faite des allées, berceaux et bassins, contenant deux carrés d'artichauts, deux d'asperges, et deux grands berceaux, garnis, ainsi que les murs et l'intérieur, de 687 arbres à fruits, non compris les ceps des berceaux ». Prix de location, 455 livres.

2° Au citoyen Fromentin, avec un logement à Quinquempoix. — « Potager bas, 2 arpens 3 quartiers, dont 2 arpens 19 perches en culture, contenant diverses plates-bandes, et 483 pieds d'arbres fruitiers et vignes en espaliers, éventails et buissons. — La Figuerie, un demi-arpent 3 toises, contenant 4 carrés garnis, ainsi que les murs, de 191 figuiers et 20 poiriers. — La Melonnière, un arpent 6 perches, contenant deux resserres, dont une en appentis, 67 arbres fruitiers et 25 ceps de vigne ». Prix de location, 200 livres.

3° Au citoyen Breteuil : « Le Jardin fleuriste dit la Faisanderie; un pavillon composé d'un salon, salle à manger, cuisine et cabinet; un bûcher et une resserre servant de buanderie; le tout garni de treillages de toutes parts ; trois arpens 15 perches, compris quatre bassins, et déduction faite de l'emplacement des bâtimens, contenant quatre carrés de groseillers ; dans l'intérieur et le long des murs, 361 pieds d'arbres fruitiers et 61 ceps de vigne ». Prix de location, 150 livres.

Le bail n'était fait que pour la récolte de 1793, et il ne fut pas renouvelé, car la vente du domaine loti fut commencée avant la fin de l'année.

Le potager bas, divisé en sept lots de superficie égale, 432 toises 2/3, fut adjugé le 11 décembre 1793. Le premier lot

« tenait d'orient au jardin de l'ancienne Faisanderie, du midi au verger du grand potager, du nord à l'allée qui règne le long du canal Saint-Jean » (propriété actuelle de Mme Legendre) ; le septième aboutissait « au mur de clôture séparant le potager de l'allée de l'Abreuvoir » (avenue du Bouteiller). Les deux premiers lots furent acquis par Pierre Vandenborre pour 2.370 livres ; les cinq autres par Pierre Deville au prix de 4.890 livres.

La Melonnière et la Figuerie furent vendues le 16 décembre 1793. On en avait fait onze lots, le premier « tenant d'occident à une cour et jardin tenus à loyer par Camus » (contre l'hôtel de Quinquempoix), le dernier aboutissant au jardin de la Capitainerie (à la hauteur de la maison n° 22) ; tous étaient limités au nord par « le jardin tenu à loyer par Camus » (le grand potager).

Le premier, 180 toises 3/4 à prendre dans la Melonnière, tenant du midi à la grande rue, fut adjugé pour 1.500 livres à Charles-Claude-Guillaume Leportier, aubergiste à Chantilly, qui acheta aussi le deuxième (181 toises de ladite Melonnière), au prix de 1.200 livres (emplacement du n° 46). Le troisième, 164 toises tant en potager que resserre, « tenant du midi à la rue, d'orient au 4° lot et aux bâtimens de plusieurs particuliers », c'est-à-dire aux numéros actuels 44 et 40, échut à Gilles Maincent (propriétaire du 40), ainsi que le quatrième, situé derrière sa maison : « 87 toises 1/2 en superficie, dont partie fait restant de la Melonnière et l'autre dans la Figuerie » ; il paya ces deux lots 1.700 et 1.000 livres.

Les lots suivants avaient été divisés suivant la largeur des maisons de la place du Marché jusqu'au n° 24 inclus ; ils furent acquis par les propriétaires de ces maisons : 5° 50 toises 1/2 de la Figuerie à Louis Robinot, 300 livres ; 6° 50 toises 1/2 à Jean-Cyprien Perrier, serrurier, 300 livres ; 7° 33 toises 1/2 à Jacques-Germain Fée, 200 livres ; 8° 102 toises à Antoine Peaucellier et à la veuve Marotte, 1.100 livres (maisons 38 à 30) ; 9° 89 toises 1/6 à Louis-Pierre Laville (n° 28), 2.200 livres ; 10° 104 toises à Jean Levasseur (n° 26), 700 livres ; 11° 84 toises 1/6 à Louis Duhamel (n° 24), 650 livres.

Le 4 et le 6 février 1794, ce fut le tour du Potager. Il avait aussi été divisé en onze lots [1]. Les quatre premiers, du côté de Quinquempoix, d'une contenance de 113 toises 2/3, 113 toises 1/3, 113 toises, 53 toises, furent acquis par le jardinier François Fromentin, au prix total de 1.260 livres. Le cinquième, 47 toises tenant du midi à la Figuerie, fut adjugé à Pierre Thomas pour 230 livres. Les quatre lots suivants, 48, 33, 83 et 96 toises, devinrent la propriété de Pierre-Louis Laville moyennant 1.170 livres. Le dixième, 122 toises, fut acquis par Jean Levasseur, et le onzième, 94 toises, par Duhamel, au prix de 320 livres chacun.

Le même jour 6 février, le citoyen Loiseau, épicier à Paris, se vit adjuger, pour 15.760 livres, « une maison et jardin dans lequel sont deux bassins, avec d'autres petits bâtimens, nommée l'ancienne Faisanderie ; le potager bas de l'ancienne Faisanderie, dans lequel sont deux bassins et une petite resserre » (aujourd'hui maison et jardin de Mme Chapard). Le bois de la Tenaille vint s'y ajouter quelques années après et forma la partie orientale de cette belle propriété.

Le Verger, qui s'étendait entre les maisons *60 à 72* et le potager bas, fut mis en vente le 13 janvier 1794. Sauf deux lots situés derrière les maisons *70 et 72*, qui furent adjugés aux propriétaires de ces maisons, la veuve Marlin et le citoyen Duquesnoy, l'ensemble fut acquis par Denis Moreau fils, marchand de blondes, gendre du gruyer Peyrard, propriétaire d'une belle maison qui est aujourd'hui le *n° 62* [2]. Peu après, Denis Moreau se fit céder tout le potager bas par Deville et Vandenborre, et il se constitua ainsi une superbe propriété, qui subsista longtemps dans son ensemble. Le quartier qui s'est formé, dans le dernier quart du XIXe siècle, de chaque côté

---

[1] On réserva l'espace compris entre l'ancienne entrée des potagers et le côté oriental de la rue actuelle ou impasse des Potagers, pour le rattacher à l'hôtel de Quinquempoix. Le premier lot du potager vendu, comme le premier lot de la Melonnière, doit donc se prendre immédiatement après la nouvelle rue ou impasse des Potagers, dont le tracé fut réservé lorsqu'on aliéna Quinquempoix.

[2] L'emplacement de la maison n° 64, qui appartenait aussi à Denis Moreau, était occupé par un parterre avec bassin. Il n'y a pas longtemps que cette maison a été construite.

de la rue des Cascades prolongée et jusqu'au mur de l'allée du canal Saint-Jean, provient du démembrement de la propriété Moreau, effectué par le dernier propriétaire, M. François Wells, qui a conservé la maison.

*
* *

Les terrains situés derrière les maisons *8, 6 et 4* de la rue du Connétable furent aliénés le 6 février 1794 : 1° « 55 perches de terre derrière la maison du C. Taffin (*n° 8*), y tenant du midi, d'occident au chemin de Vineuil, du nord au mur de terrasse des petites Cascades », adjugées à François Taffin pour 1.010 livres ; 2° « 53 perches de terre derrière la maison du C Dupille, maître de pension à Verneuil [1], y tenant du midi, et du nord aux petites Cascades, dans lequel terrain est comprise une partie du bassin », adjugées à Dupille pour 1 060 livres ; 3° « 25 perches de terre derrière la maison des héritiers Gozengré [2], y tenant du midi, du nord aux petites Cascades, d'orient au Jeu-de-Paume », adjugées à Dupille pour 710 livres.

Les jardins de la Pelouse, qui n'avaient que 8 mètres de profondeur, reçurent leurs dimensions actuelles le 24 mars 1794, par l'adjudication des terrains situés derrière les maisons, depuis le *n° 23* jusqu'au Petit-Chenil, en 25 lots.

Le Petit-Chenil fut divisé en 10 lots qui furent adjugés le 11 mai 1794 : les deux premiers au C. Patin (jardin du *n° 83* de la rue du Connétable, *n° 6* de la rue d'Aumale) ; le troisième à Jean Petit (derrière les *n°* 85 et 87, aujourd'hui *n° 8* de la rue d'Aumale) ; le quatrième à François Moreau, marchand de bois (derrière le *n° 89*), et le cinquième au C. Pique, successeur de Monnaye dans la propriété du *n° 91* : ces deux lots composent aujourd'hui les propriétés *n°* 10 et 12 de la rue d'Aumale.

Le sixième lot (derrière les *n°* 93 et 95) comprenait « une partie de bâtiment nommé l'infirmerie des chevaux, qui aura son

---

[1] Louis Dupille avait succédé à Lannuyer dans la propriété du *Grand-Cerf*.

[2] Les enfants de Louis-Charles-Nicolas-Rieul Regnard de Gozengré' greffier en chef de la Capitainerie royale d'Halatte, garde-marteau de la gruerie de Chantilly, et de Jeanne-Sophie Peyrard.

entrée par la porte charretière sur la Pelouse, avec un terrain de 15 toises 2 pieds de large sur 13 toises de longueur du midi au nord, tenant du nord au C. Devaux, du midi au septième lot » ; il fut adjugé à Jean-Pierre Devaux, marchand de dentelles, pour 4.030 livres. Entre ce sixième lot et la Pelouse, s'étendait le septième lot, de mêmes dimensions, avec le pavillon dit le Fournil ; il fut adjugé au C. Flament, dit Cambray, et il a formé les *n*ᵒˢ *16 et 18* de la rue d'Aumale, derrière lesquels le sixième lot est représenté par le *n*° *14*, auquel on accède par la porte charretière.

Huitième lot (derrière le *n*° *97*) : « Un bâtiment dont le reste fait partie des 9ᵉ et 10ᵉ lots, sur 8 toises de face à la Pelouse avec terrain devant et derrière, à la charge de supprimer les servitudes sur le devant et d'avoir entrée sur la Pelouse, tenant du nord au C. Beaucerf, du midi à la Pelouse ». Il fut adjugé au C. Devaux pour 5.640 livres. — Neuvième lot (derrière le *n*° *99*) : « Un bâtiment faisant partie du Petit-Chenil, composé d'une partie de bâtiment sur 6 toises de face à la Pelouse, avec un petit bassin d'eau ». Adjugé au C. Vinchon, de Chantilly, pour 4.040 livres. *N*° *20* de la rue d'Aumale.

Le dixième lot (derrière le *n*° *101*) comprenait « un bâtiment faisant partie du Petit-Chenil et ayant face sur la Pelouse, tenant du couchant au C. Tardine, du midi à la Pelouse, d'orient au 9ᵉ lot, du nord au C. Cléret ». Il fut adjugé audit Cléret (Rieul) pour 5.370 livres ; la partie méridionale de ce lot forme aujourd'hui le *n*° *22* de la rue d'Aumale. Le C. Tardine avait succédé à Pierre Peyrard dans la propriété du *n*° *24* ; un grand jardin orné d'un bassin qui recevait l'eau du Petit-Chenil, avec une maison ayant son entrée sur la cour des Miracles ; cette maison appartint ensuite à M. Pigory, maire de Chantilly en 1805.

Le terrain compris entre l'avenue d'Aumale et l'avenue de la Gare faisait alors partie de la Pelouse ; il fut aliéné en deux fois. Le 6 février 1794, on adjugea en huit lots 5 arpents 38 perches situés en face des maisons bâties sur les terrains concédés en 1782 sur le côté occidental de la grande route :

1° Au C. Martin Mingot, pour 2.410 livres, « 3 quartiers 18 perches (ou 108 perches) de friches à côté de la maison du C. Fasquel (*n*° *40* de la rue d'Aumale), tenant du nord au chemin de Gouvieux (rue d'Aumale), du midi au 2ᵉ lot, d'occident à la grande route de Luzarches, d'orient au surplus de la Pelouse ». — 2° A Jean-Charles Carpentier, pour 870 livres, « 3 quartiers 4 perches (ou 94 perches) devant les maisons du C. Carpentier et de la Cⁿᵉ Berton (nᵒˢ *2 et 4* de l'avenue de la Gare)... ». — Un grand terrain, formant angle sur la rue et l'avenue d'Aumale, avait été réservé ; il ne fut vendu qu'en 1799, à M. Lecerf, qui racheta aussi les deux lots précédents et se constitua une belle propriété que ses héritiers démembrèrent au XIXᵉ siècle, ne gardant que la maison (*nᵒ 1* de l'avenue de la Gare).

3° « Un demi-arpent 18 perches (ou 78 perches) devant la maison du C. Voitillé » (*nᵒ 6*), adjugé au C. Gosset pour 690 livres. Ce lot forma les *nᵒˢ 3 et 5* de l'avenue de la Gare. La maison *nᵒ 5* fut vendue au duc de Bourbon, le 21 février 1828, par M. Claude-Philippe Lecerf ; elle tenait alors du midi à M. Royer, du nord à M. Hémont et aux héritiers Demonceaux, derrière sur la Pelouse. Mise en vente par le Domaine de Chantilly le 4 juillet 1852, cette maison *nᵒ 5*, « tenant d'un côté à Madame veuve Bouquillon, d'autre côté à Madame veuve Desormeaux », fut adjugée à Marie-Nicolas-François Dampierre, ancien inspecteur des forêts de Chantilly.

4° « 3 quartiers 24 perches (ou 114 perches) devant la maison du C. Prez » (*nᵒˢ 8 et 10*), adjugés au C. Martin-Désiré Prez pour 990 livres. — 5° « 46 perches vis-à-vis la maison du C. Ducos » (*nᵒ 12*), adjugées au C. Étienne Ducos l'aîné pour 440 livres. — 6° « 46 perches devant les maisons des CC. Rimbert et Allouel » (*nᵒˢ 14 et 16*), adjugées au C. Ducos l'aîné pour 500 livres. — 7° « Un demi-arpent 16 perches (ou 76 perches) vis-à-vis le jardin du C. Morin », adjugé au C. Nicolas-Philippe Morin pour 840 livres. — 8° « Un demi-arpent 16 perches en face du jardin du C. Aubry, tenant du nord au septième lot, du midi et d'orient au surplus de la Pelouse », adjugé au C. François Pierret pour 850 livres. — Ces lots 4 à 8 forment aujourd'hui les propriétés 7 à *17* de l'avenue de la Gare et les propriétés à la suite sur l'avenue d'Aumale.

On attendit un an pour aliéner les terrains suivants, en même temps que ceux que le prince de Condé s'était réservés de l'autre côté de la route. Le 18 avril 1795, le directoire du district de Senlis mit en vente le terrain compris entre le 8ᵉ lot ci-dessus et le bois Bourillon. Ce terrain fut divisé en trois lots. Les deux premiers, contenant ensemble 2 arpents 82 perches, furent adjugés au pâtissier François Benoît pour 1.470 livres. Le troisième, « 158 perches ou un arpent 38 perches de terrain en friche vis-à-vis le bâtiment du C. Chalot » (la nouvelle Poste-aux-Chevaux), fut adjugé audit Chalot pour 1.020 livres. Ce terrain resta attaché à la maison de la Poste, dont l'ensemble fut acquis par M. Aumont en 1850. C'est donc à la Révolution que nous sommes redevables de l'horrible bâtisse qui se couvre du grand nom de Condé pour déshonorer à tout jamais la Pelouse de Chantilly [1].

De l'autre côté de la grande route, le prince de Condé s'était réservé une friche à laquelle le cadastre de 1791 donne une contenance d'un arpent 108 verges 15 pieds ; elle attenait du midi aux bâtiments de la nouvelle Poste-aux-Chevaux, et du nord aux terrains précédemment concédés par le prince. Cette friche fut aliénée le 18 avril 1795 ; elle est en grande partie couverte par la propriété de Mᵐᵉ de Salverte.

*
* *

Ce même jour 18 avril 1795, le directoire du district de Senlis mit aussi en vente le terrain boisé situé derrière les maisons 74 à 86 de la rue du Connétable et « tenant du nord à l'allée qui conduit de la Machine aux potagers », c'est-à-dire à la rue des Cascades. La coupe de ce bois avait été d'abord vendue au C. Aubertin. Divisé en lots de la largeur des maisons, ce terrain fut acquis par les propriétaires de ces immeubles, un seul excepté : *n*° *74*, Jacques-Louis Baudet, menuisier ; *n*° *76*, Louis Toupet, serrurier ; *n*° *78*, Antoine Deshayes, perruquier, et Jean Jacquin, marchand de vins ; *n*° *80*, Joseph Aubertin, mar-

---

[1] Signalerai-je l'inconsciente outrecuidance qui a fait sculpter sur le fronton les armes de Condé et celles d'Orléans, comme pour associer les princes de Condé et le duc d'Aumale à la profanation de leur œuvre ? Ces princes ont des héritiers, et leurs armoiries ne sont pas dans le domaine public.

chand de bois (la maison appartenait à Jean Quilloue) ; *n° 82*, Jean-Baptiste Landragin, sculpteur ; *n° 84*, Louis-Jacques-Marie Déméotis, marchand de blondes, qui avait acquis la maison de Jourdain ; *n° 86*, la veuve Trouvain.

Rien ne fut alors vendu derrière les maisons *84* à *104*. Les *n°ˢ 106* à *110* représentent la propriété de Jean-François Bourgeois, principal concierge du château. Or, M. Bourgeois avait pris la fuite le 15 août 1792, à l'arrivée du fameux bataillon des Récollets, venu de Paris pour supprimer tout vestige de féodalité[1] ; il avait pu rejoindre son maître à l'étranger, et ses biens avaient été confisqués. Sa propriété de Chantilly, divisée en trois lots, fut mise en adjudication au district de Senlis le 11 mai 1794. La maison (*n° 110*) fut acquise par le C. Rousseau, qui la céda ensuite à M. Devaux ; les deux lots de terrain arrivèrent en troisièmes mains, le 7 janvier 1804, à M. Patin, notaire et maire de Chantilly, qui possédait et habitait la maison *n° 83*, située de l'autre côté de la rue, et s'agrandirent en 1807 d'un morceau du bois des Cascades, acquis par la veuve de M. Patin, Marguerite-Geneviève Caillet. Un arrangement de famille signé le 26 octobre 1826 attribua ce terrain, non bâti, à Charles-Zacharie-Bernard Patin, notaire à Creil.

Derrière les maisons suivantes, la bordure du bois des Cascades fut divisée en plusieurs lots et mise en vente le 18 avril 1795 : le premier lot, très petit (4 perches 2/3), fut joint à la maison d'Antoine-Louis Perpette (au bas de la rue de la Machine) ; le 2ᵉ, le 3ᵉ et le 6ᵉ, formant un ensemble de 3 arpents 32 perches derrière la Manufacture de Porcelaines, furent adjugés à Christophe Potter, propriétaire de cet établissement ; le 4ᵉ, 12 perches de bois derrière les jardins des CC. Demoncy, Duquesnoy et Chevau (*n°ˢ 116* à *124*), échut à Louis-Pierre Duquesnoy, ferblantier ; le 5ᵉ, « 9 perches de terrain en bois et promenade faisant pointe, situées derrière les jardins des CC. Moreau et Picque » (*n°ˢ 112-114*), fut acquis par Louis-Denis Moreau, marchand de dentelles.

En somme, Christophe Potter s'était assuré la propriété de plus d'un hectare de bois derrière sa manufacture, limité par

---

[1] Je conterai cela dans la quatrième partie de ce travail.

deux allées du bois (la rue des Cascades et l'impasse Souchier).
Le bloc du bois des Cascades restait encore imposant ; on lui
accorda un répit de quelques années.

Le prince de Condé possédait plusieurs immeubles dans la
ville de Chantilly ; tous furent vendus successivement On commença par la Capitainerie (*n° 14*), dont la partie sur rue, avec
un coin de l'hôtel des Juridictions, fut adjugée, moyennant
12.100 livres, le 18 novembre 1793, à Antoine Barthélemy Desfebves-Dannery et Marguerite Carré, sa femme. La partie du
fond fut acquise par Jean Milliot le 11 mai 1794, au prix de
12.510 livres. Le jardin de la Capitainerie, dont l'entrée est
occupée par le *n° 16*, fut vendu en même temps. Lorsque les
époux Desfebves-Dannery vendirent leur maison (20 octobre
1818) au chirurgien Marc Aran, déjà propriétaire de l'hôtel de
Beauvais ou des Juridictions (*n° 12*), le jardin fut réservé : c'est
alors que MM. Laville et Héraud, propriétaires des *n°s 20 et 22*,
adjoignirent à leurs maisons les jardins qu'elles ont conservés.

La grande maison de Quinquempoix, divisée en plusieurs
lots, fut mise en vente le 28 mars 1794 :

1° « Une portion de terrain à prendre dans la cour des Fumiers
sur l'alignement du bâtiment du C. Lallemant jusqu'à 6 toises
de face sur la grande rue, et les matériaux qui se trouveront à
l'endroit où se doit partir *la nouvelle rue* » (impasse des Potagers) ; adjugé à Jean-François Madeleine, de Chantilly, pour
1.300 livres (emplacement du *n° 48* de la rue du Connétable)

2° « Un bâtiment dépendant de l'hôtel Quinquempoix, occupé
par le C. Lallemant, épicier, composé de deux pièces par bas,
une partie de cour à prendre dans la grande cour sur l'alignement du mur de derrière en retour d'équerre » ; adjugé à Louis
Hue, de Chantilly, pour 8.050 livres (*n° 50*).

3° « Un corps de bâtiment dépendant de l'hôtel Quinquempoix, composé de plusieurs pièces par bas, chambres et grenier au dessus, tenant à la partie occupée par le C. Lallemant
jusqu'au passage d'une cour à l'autre, avec une portion de la
cour des fumiers » ; adjugé au C. Louvet, de Chantilly, au prix

de 3.000 livres (aile de droite dans la cour, derrière le *n° 50*, et partie de la cour extérieure, derrière le *n°* 48).

4° « Une portion de bâtiment de l'hôtel Quinquempoix occupée par le C. Fromentin, partie de jardin, etc. » ; adjugée audit Fromentin pour 2.600 livres (au fond de la cour, à droite).

5° « Une portion de jardin à prendre dans un tiers de jardin vendu et dépendant du bâtiment occupé par le C. Fromentin, ayant 10 toises de long, sur la largeur fixée par *la nouvelle rue* » (impasse des Potagers) ; adjugée audit Fromentin pour 500 livres.

6° « Une autre portion du même jardin, sur l'alignement fixé par *la rue nouvelle* » ; adjugée au C. Maincent pour 530 livres. Fond de l'impasse des Potagers, à gauche. Cette impasse, aujourd'hui percée, fut donc tracée sur le bord oriental de la cour des Fumiers et à travers le grand Potager qui se trouvait derrière.

7° « Une partie de bâtiment occupée par le C. Camus, jardin derrière et une partie de cour sur le devant » (au fond de la cour) : adjugé au C. Dusignon pour 6.350 livres.

8° « Une partie de bâtiment composée d'une grande boutique, grenier au dessus, etc., une cour derrière ; une autre partie de cour à partir de l'angle du lot suivant et de l'appartement des CC. Toupet et Camus, un jardin derrière ». Adjugé au C. Toupet pour 12.025 livres. — Son petit-fils, M. Eugène Toupet, conseiller municipal de Chantilly, occupe toujours les mêmes lieux avec son fils Albert, qui lui a succédé dans l'exploitation de l'atelier de serrurerie. La propriété Toupet comprend aussi le lot suivant :

9° « Un bâtiment faisant partie de l'hôtel Quinquempoix, ledit bâtiment formant ci-devant l'école de Dessin » [1], adjugé au C. Taffin pour 4 800 livres (*n°* 52, sur la rue).

À l'ouest de ces deux derniers lots, se trouvait un terrain de 27 pieds de large sur 15 toises 4 pieds de profondeur, que le prince de Condé avait réservé « pour l'utilité de la forge » en concédant au serrurier Henri Aubry. en 1776, le terrain de

---

[1] Dans la troisième partie de ce travail, je parlerai de cette école de Dessin, ainsi que de la Pension.

l'ancienne Figuerie (*n° 56*). Cette place réservée fut jointe au lot de Louis Toupet; elle fut bâtie au xix° siècle (*n° 54*). En même temps fut aliénée la partie du grand Potager située à l'ouest et au nord du bâtiment de Toupet et derrière la maison Aubry; sur quatre lots, trois furent acquis par Augustin-Louis Gibert Le vieux passage des Potagers (*n° 58*) fut acquis par Denis Moreau. Dans l'immeuble qui porte le *n° 60*, le prince de Condé avait établi une maison d'éducation dont la Révolution brisa bientôt l'essor; la Pension fut adjugée, le 2 juillet 1796, à Augustin-Louis Gibert.

Les maisons *n° 1, 3, 5, 7 et 9* de la rue du Connétable furent vendues le 24 mars, le 25 septembre et le 12 octobre 1794; elles furent rachetées au xix° siècle par le duc de Bourbon et le duc d'Aumale. Un bâtiment dépendant des Écuries, dit la maison de l'Éperonnier, fut adjugé, le 11 mai 1794, à l'hôtelier de *l'Épée*, Jean Petit, qui acquit aussi l'ancien cimetière derrière l'église; M. le duc d'Aumale racheta l'hôtel de *l'Épée* et le fit raser. Le pavillon qui porte le *n° 23*, ainsi que le presbytère actuel, *n° 21*, appartenaient au prince de Condé; le premier fut vendu à l'épicier André Vion le 11 mars 1795, le second au vétérinaire Barthélemy Vosgien le 27 juin 1796, avec la moitié de la demi-lune, jusqu'à la barrière : là fut plus tard l'hôtel des *Bains*, que M. le duc d'Aumale acheta en 1875 pour le jeter à bas et rétablir l'ancien état des lieux. Quant au pavillon, il vient de rentrer dans le Domaine de Chantilly: l'Institut de France en a fait l'acquisition pour y loger les collections que lui a léguées le vicomte de Spoelberch de Lovenjoul.

La maison numérotée 57 *et 57*[bis] avait été vendue au prince de Condé, en 1777, par Cicaire Cirou, seigneur de Rieux-sur-Oise, fils du premier maître de la Manufacture de Porcelaines. Le prince y logeait de ses gens, un jardinier, une blanchisseuse, et surtout son fontainier ou plombier. « La maison du Plombier », divisée en deux lots, fut adjugée le 25 septembre 1794 au plombier Jacques Mailly et au peintre Jean Tuasne.

Le 9 novembre 1797, les bâtiments de l'ancienne Poste-aux-Chevaux furent acquis par Christophe Poirier, de Paris, qui céda son acquisition, le 28 avril 1798, à M. John White, et celui-ci, le 23 février 1803, à Pierre-Germain Gambert, cultivateur, marié à Marie-Véronique Delaitre. Leurs héritiers vendirent cet immeuble au Domaine de Chantilly en 1860, et M. le duc d'Aumale le fit disparaitre pour dégager le Jeu-de-Paume.

Ce Jeu-de-Paume, que le duc de Bourbon racheta en 1818, fut adjugé, le 6 mai 1798, par les Administrateurs du Département de l'Oise « au citoyen Louis-François Despaute-Savigny, de Paris, avec 77 perches de terrain, y compris la rampe qui descend aux petites Cascades, sur lequel terrain il existe 82 arbres formant les allées dudit Jeu-de-Paume, et une petite portion du bassin de Beauvais » qui se touvait au dessus des Cascades, au prix de 8.480 francs. Le 20 août 1798, « Louis-François de Savigny » céda son acquisition, moyennant 5.000 francs « en numéraire métallique », à Simon-Marc Monteil, négociant à Paris. M. Monteil était secrétaire-général de la préfecture de Saône-et-Loire lorsque, le 12 septembre 1804, il vendit le Jeu-de-Paume à un consortium de onze habitants de Chantilly et des environs, parmi lesquels M. Patin, notaire et maire, M. Chalot, maître de la Poste, MM Louis-Denis Moreau et Mathieu Vandessel, fabricants de dentelles, « à la charge de laisser jouir le s* Gouverneur, locataire verbal de ladite maison, qui en rend 150 francs par année ». Ce Gouverneur, ancien contrôleur des Écuries du prince de Condé, laissé sans emploi par la Révolution, avait loué le Jeu-de-Paume pour l'exploiter. Son fils fut employé dans les Écuries du roi Louis-Philippe : j'ai exposé son habit rouge dans une vitrine de la salle du Jeu-de-Paume. Le petit-fils, Alfred Gouverneur, fut attaché à la personne de M. le duc d'Aumale pendant cinquante ans et lui survécut : ses descendants habitent toujours Chantilly, ainsi qu'une nombreuse parenté.

* *
*

Toutes ces aliénations n'affectaient que partiellement la belle propriété de l'émigré Condé ; il importait qu'il n'en restât rien, et de nouvelles lois votées le 17 octobre et le 17 novembre 1798 vinrent activer le zèle de l'administration centrale du département de l'Oise. On ne voulait conserver que les Écuries et le château d'Enghien, devenus des casernes. Le citoyen Godde, architecte à Liancourt, fut chargé de procéder au lotissement. Le plan qu'il dressa, daté du 9 février 1799, divise en 126 lots « les propriétés nationales provenant de l'émigré Condé » qui restent à vendre à Chantilly. Le premier lot comprend le château, la moitié occidentale de l'avant-cour et de la terrasse du Connétable, le grand Degré, le grand Parterre, et la prairie entre le Hameau et le grand Canal. — Les lots 2 à 6 divisaient la suite de la prairie, entre le Hameau et la tête du Canal. — Le 7ᵉ, qui ne devait pas être vendu, comprenait la moitié orientale de l'avant-cour et de la terrasse du Connétable, réservée pour donner accès aux bâtiments d'Enghien, de la Caboutière et de Sylvie, destinés au casernement ; la partie boisée du parc était réunie à la forêt. — 8ᵉ lot, Bucamp et jardin. — 9ᵉ, Orangerie, Théâtre, terrasse des Vases, parterre de l'Orangerie. — 10ᵉ, parterres entre les petites Cascades et l'île d'Amour. — Les lots 11 à 20 divisaient la prairie comprise entre l'île d'Amour et le grand Canal.

Le 21ᵉ lot nous transporte à l'autre bout de la vallée : le pavillon et le parterre de l'Eau Minérale. — 22ᵉ, les Usines et la prairie voisine jusqu'à la route de Creil, avec le canal du milieu pour limite au sud. Le carré suivant, dit le marais ou potager de la Machine, aboutissant au canal de Manse, « traversé de plusieurs allées et planté d'arbres fruitiers », avait déjà été adjugé, le 15 avril 1798, à Guillaume Valentin, demeurant à Paris, au prix de 87.000 francs (en assignats). — Les lots 23 à 59 divisaient toute la Canardière (entre la route de Creil et la prairie Aumont).

Le 60ᵉ lot se composait de la partie supérieure du bois des Cascades, limitée au nord par l'allée (rue des Cascades), au midi par les maisons de la grande rue (*88 à 110*), à l'ouest par l'allée qui est devenue l'impasse Souchier, à l'est par l'avenue des Cascades (avenue de Condé) [1].

J'ai déjà mentionné le 61ᵉ lot, terrain formant l'angle de la rue et du boulevard d'Aumale. Les lots 62 à 107 partageaient

---

[1] Acquis par les citoyens Damoye et Boulée le 16 mai 1800, le bois des Cascades fut racheté par le duc de Bourbon le 25 avril 1830.

toute la Pelouse, une demi-lune étant seulement réservée devant les Écuries. — 108 à 110, terrain entre le pavé, l'étang et le parc de Sylvie. — L'hôtel de Beauvais ou des Juridictions était divisé en quatre lots, 111 à 114, y compris l'ancien presbytère (n° 10). — La partie inférieure du bois des Cascades, renfermant les grandes Cascades et le grand Jet, entre l'avenue du Bouteiller et le pavillon de Manse, en formait aussi quatre, 115 à 118. — Les lots 119 à 126 comprenaient la Ménagerie (à Vineuil, aujourd'hui propriétés Vigier et Rouget) [1], la porte Saint-Louis, la nouvelle Faisanderie située à côté, et la porte Saint-Leu.

La Pelouse courut alors un grand danger : « Les rues y étoient désignées, la rue de Marat, la rue Le Peletier, la rue de la Révolution, la rue du Quatorze-Juillet, la rue de Turin, près de l'étang de Sylvie, ainsi que bien d'autres. La charrue étoit sur la Pelouse pour en labourer une partie. Il ne restoit en face du Dôme que cent pas en demi-lune. Alors, comme concierge des Écuries, j'en écrivis à M. Lépine, commissaire des Guerres à Beauvais, honnête homme, et je fis voir ma lettre à M. Patin, maire alors, qui se chargea de la remettre à M. Lépine, qui le conduisit de suite chez M. Cambry, préfet de l'Oise. Le troisième jour, M. Patin rapporta l'ordre du préfet que tous les enfans pouvoient se rouler sur la Pelouse et s'y promener à leurs désirs, et qu'elle ne seroit point vendue, ni les Écuries » (note de Simon Demanet, concierge des Écuries, retraité en 1820). — Le fait est confirmé par le préfet Cambry lui-même ; dans sa *Description du département de l'Oise*, publiée en 1803, il rappelle avec plaisir la réception qui lui fut faite à Chantilly : « Les habitants me témoignèrent avec transports leur reconnoissance pour le service que je leur avois rendu en faisant restituer à la commune la grande pelouse des Écuries ; je conserve comme un précieux monument la lettre qu'ils m'écrivirent à l'époque où j'obtins la justice qu'ils sollicitoient ; elle est signée de la totalité des hommes, des femmes et des enfants ».

La Pelouse fut donc sauvée, mais tout le reste fut vendu

---

[1] La Vacherie, dite aujourd'hui ferme de la Ménagerie, avait déjà été vendue, ainsi que les Bourgognes, la bordure du grand Canal, et la prairie du Gril. Tout cela fut racheté par le duc de Bourbon entre 1820 et 1830.

entre le 17 juillet 1793 et le 17 mai 1800. Presque tout ce qui se trouvait dans l'ancien parc devint la propriété de deux hommes qui s'étaient associés pour se faire marchands de biens et démolisseurs de bâtiments, Pierre Damoye, marchand de fers à Paris, et Gérard Boulée, entrepreneur de charpenterie à Compiègne : le château, Bucamp, l'Orangerie, les prairies du Hameau et de l'île d'Amour, l'hôtel des Juridictions [1], le bois des Cascades, ils acquirent tout. Les bâtiments leur offraient une merveilleuse mine de matériaux de tout genre à exploiter. Bucamp, l'Orangerie, la Comédie, situés entre le Jeu-de-Paume et le fossé du château, disparurent les premiers ; puis on entreprit la démolition du grand château.

Lorsque le rétablissement de l'ordre produisit le retour de la raison, on s'émut en haut lieu de tant de destructions, et on chercha le moyen d'en arrêter le cours. Or Damoye et Boulée n'avaient pas exécuté les conditions de paiement auxquelles les obligeait le cahier des charges, et il en résulta des poursuites qui aboutirent à leur dépossession du château et du grand Parterre (21 janvier 1805). Eux-mêmes disparurent bientôt du pays après s'être défaits de tout ce qu'ils y avaient acquis.

Le 22 avril 1800, le duc de Bourbon écrivait, de Londres, au prince de Condé son père : « J'ai eu de tristes détails sur Chantilly ; je vous les envoie tels qu'ils m'ont été donnés. Que nous le retrouvions seulement, et nous coucherons sous des tentes s'ils détruisent tous les bâtiments. Pauvre Chantilly, vous méritiez un sort plus heureux » !

Quand les princes revirent Chantilly en 1814, ils ne furent pas réduits à coucher sous la tente ; mais ils ne retrouvèrent que la désolation et la ruine. A la vérité, ils recouvrèrent ceux de leurs biens qui n'avaient pas été aliénés, les forêts, la Pelouse, les bâtiments restés debout. La plus belle partie du parc avait disparu. Et si l'on considère qu'ils ne possédaient plus un pouce

---

[1] Damoye acquit l'hôtel des Juridictions ou de Beauvais le 1er août 1799 et en fit sa demeure (n° 12). La maison voisine fut adjugée, le même jour, à Louis-Marie-Jean-Baptiste Porquier, qui céda son acquisition, le 27 juillet 1801, à Nicolas-Félix Thuret (n° 10). Damoye loua, puis vendit l'hôtel de Beauvais au chirurgien Marc Aran. L'ensemble appartient aujourd'hui à MM. Meunier et Deveau-Meunier.

de terrain à l'ouest du château, il faut admirer la ténacité avec laquelle le dernier Condé, vieux, désabusé, désormais seul au monde, mais fidèle aux traditions de ses ancêtres, sut mener à bien l'immense travail de reconstitution qu'il eut le courage d'assumer. L'œuvre accomplie par le duc de Bourbon de 1818 à 1830 va permettre à son illustre successeur de contribuer à son tour au développement et à la prospérité de la ville de Chantilly.